高等职业教育新形态创新系列教材
高等职业教育土建施工类专业系列教材

工程经济

主 编 王成平 张 艳
副主编 马 月 谭小蓉

图书在版编目(CIP)数据

工程经济 / 王成平,张艳主编. —西安:西安交通大学出版社,2023.11

高等职业教育土建施工类专业系列教材

ISBN 978-7-5693-2982-7

Ⅰ.①工… Ⅱ.①王… Ⅲ.①工程经济学—高等职业教育—教材 Ⅳ.①F062.4

中国版本图书馆 CIP 数据核字(2022)第 242023 号

书　　名	工程经济
	GONGCHENG JINGJI
主　　编	王成平　张　艳
策划编辑	曹　昳　杨　璠
责任编辑	杨　璠　张明玥
责任校对	张　梁
装帧设计	伍　胜
出版发行	西安交通大学出版社
	(西安市兴庆南路1号　邮政编码 710048)
网　　址	http://www.xjtupress.com
电　　话	(029)82668357　82667874(市场营销中心)
	(029)82668315(总编办)
传　　真	(029)82668280
印　　刷	西安五星印刷有限公司
开　　本	787mm×1092mm　1/16　印张 10.25　字数 218 千字
版次印次	2023 年 11 月第 1 版　2023 年 11 月第 1 次印刷
书　　号	ISBN 978-7-5693-2982-7
定　　价	42.00 元

如发现印装质量问题,请与本社市场营销中心联系。

订购热线:(029)82665248　(029)82667874
投稿热线:(029)82668804
读者信箱:phoe@qq.com

版权所有　侵权必究

前　言

工程经济是一门研究各种工程技术方案的经济效益，研究各种技术在使用过程中如何以最小的投入获得预期产出，研究如何用最低的成本实现产品、作业及服务的必要功能的学科。工程经济学是工程学与经济学的交叉学科，以工程项目为主体，以技术—经济系统为核心，研究如何有效利用资源及提高经济效益的学科。现在，在项目投资决策分析、项目评估和管理中，工程经济学的原理和方法已经得到广泛的应用，很多高校也将工程经济学设为必修课程。

工程经济是高职高专院校土建类专业学生的专业基础课。本书以适应社会需求为目标，以培养技术能力为主线，在内容选择上充分考虑土建类专业的深度和广度，以"必需、够用"为度，以讲清概念、强调应用为重点，深入浅出，注重实用。通过学习本书，希望学生可以掌握工程经济分析的基本原理和方法，具备应用工程经济来分析问题、解决问题的能力；希望从事工程经济项目的读者能够运用工程经济的分析方法来分析和评价工程中涉及的经济问题，为工程项目投资决策提供科学依据。

本书是新形态一体化教材，利用互联网技术，利用二维码将纸质教材与线上教育资源进行有机结合，突破原有的物理形态，采取活页式模式，方便学生学习、使用。

本书共有七个学习情景，分别介绍了资金时间价值的计算及应用，技术方案经济效果评价，技术方案不确定性分析，技术方案现金流量表，设备更新的经济分析，价值工程在工程建设中的应用，新技术、新工艺和新材料应用方案的技术经济分析等内容。

本书由西安职业技术学院王成平、张艳两位老师主编，西安职业技术学院马月、西安铁路职业技术学院谭小蓉参与编写。本书编写分工：谭小蓉编写学习情景一；王成平、张艳编写学习情景二、学习情景三、学习情景四、学习情景六；马月编写学习情景五、学习情景七。全书由王成平、张艳统稿。本书在编写过程中，参阅了国内同行的大量文献资料，多所高职院校老师也对本书提出了很多宝贵意见，在此向他们表示衷心的感谢！由于作者的水平有限，编写时间仓促，书中难免存在疏漏之处，恳请各位读者和专家批评指正。

编　者

2023 年 8 月

目 录

学习情景一 资金时间价值的计算及应用 ··· 1
    一、学习情境描述 ·· 1
    二、学习目标 ··· 1
    三、获取信息 ··· 1
    四、任务分组 ··· 7
    五、问题分析 ··· 8
    六、任务实施 ··· 8
    七、评价反馈 ··· 8
    八、相关知识 ··· 9

学习情景二 技术方案经济效果评价 ··· 26
    一、学习情景描述 ·· 26
    二、学习目标 ··· 26
    三、获取信息 ··· 26
    四、任务分组 ··· 34
    五、问题分析 ··· 35
    六、任务实施 ··· 35
    七、评价反馈 ··· 36
    八、相关知识 ··· 37

学习情景三 技术方案不确定性分析 ··· 58
    一、学习情景描述 ·· 58
    二、学习目标 ··· 58
    三、获取信息 ··· 58
    四、任务分组 ··· 61
    五、问题分析 ··· 62
    六、任务实施 ··· 62
    七、评价反馈 ··· 62
    八、相关知识 ··· 63

学习情景四 技术方案现金流量表 ·· 76
    一、学习情景描述 ·· 76

二、学习目标 …………………………………………………………… 76
　　三、获取信息 …………………………………………………………… 76
　　四、任务分组 …………………………………………………………… 78
　　五、问题分析 …………………………………………………………… 79
　　六、任务实施 …………………………………………………………… 79
　　七、评价反馈 …………………………………………………………… 80
　　八、相关知识 …………………………………………………………… 81
学习情景五　设备更新的经济分析 …………………………………………… 96
　　一、学习情景描述 ……………………………………………………… 96
　　二、学习目标 …………………………………………………………… 96
　　三、获取信息 …………………………………………………………… 96
　　四、任务分组 …………………………………………………………… 98
　　五、问题分析 …………………………………………………………… 99
　　六、任务实施 …………………………………………………………… 99
　　七、评价反馈 …………………………………………………………… 99
　　八、相关知识 …………………………………………………………… 100
学习情景六　价值工程在工程建设中的应用 ………………………………… 114
　　一、学习情景描述 ……………………………………………………… 114
　　二、学习目标 …………………………………………………………… 114
　　三、获取信息 …………………………………………………………… 114
　　四、任务分组 …………………………………………………………… 118
　　五、问题分析 …………………………………………………………… 118
　　六、任务实施 …………………………………………………………… 119
　　七、评价反馈 …………………………………………………………… 120
　　八、相关知识 …………………………………………………………… 120
学习情景七　新技术、新工艺和新材料应用方案的技术经济分析 ………… 145
　　一、学习情景描述 ……………………………………………………… 145
　　二、学习目标 …………………………………………………………… 145
　　三、获取信息 …………………………………………………………… 145
　　四、任务分组 …………………………………………………………… 149
　　五、问题分析 …………………………………………………………… 149
　　六、任务实施 …………………………………………………………… 149
　　七、评价反馈 …………………………………………………………… 149
　　八、相关知识 …………………………………………………………… 150

学习情景一
资金时间价值的计算及应用

一、学习情境描述

某工程项目需要投资,现在向银行借款 100 万元,年利率为 10%,借款期为 5 年,一次还清。第 5 年年末一次偿还银行的资金是多少?

二、学习目标

使学生掌握现金流量图的绘制方法、资金时间价值的概念和意义、资金等值计算的方法,能正确运用资金等值公式进行相关计算,为后面技术方案经济效果的评价打下基础。

三、获取信息

要完成资金等值计算并进行应用,我们需要查阅、收集相关资料,了解资金时间价值、利息和利率的计算,现金流量图的绘制方法,资金等值计算公式等相关信息。

引导问题 1:什么是资金的时间价值?有何意义?

_____
_____
_____

引导问题 2:什么是利息、利率?利率的高低由哪些因素决定?

_____
_____
_____

引导问题 3:单利计算和复利计算有何区别?

_____
_____
_____

工程经济

引导问题 4：某公司以单利方式借入 1 000 万元，年利率为 8%，第 4 年年末偿还，各年利息和本利和是怎样的？

【解】单利计算分析表如表 1-1 所示。

表 1-1　单利计算分析表　　　　　　　　　　　　　单位：万元

使用期	年初款额	年末利息	年末本利和	年末偿还
1 年	1 000	1 000×8%=80	1 080	0
2 年	1 080	1 000×8%=80	1 160	0
3 年	1 160	1 000×8%=80	1 240	0
4 年	1 240	1 000×8%=80	1 320	1 320

引导问题 5：数据同引导问题 4，按复利计算，则各年利息和本利和是怎样的？

【解】复利计算分析表如表 1-2 所示。

表 1-2　复利计算分析表　　　　　　　　　　　　　单位：万元

使用期	年初款额	年末利息	年末本利和	年末偿还
1 年	1 000	1 000×8%=80	1 080	0
2 年	1 080	1 080×8%=86.4	1 166.4	0
3 年	1 166.4	1 166.4×8%=93.312	1 259.712	0
4 年	1 259.712	1 259.712×8%=100.777	1 360.489	1 360.489

引导问题 6：什么是现金流量？现金流量图如何绘制？

_____

_____

_____

_____

引导问题 7：某工程项目预计期初投资 1 000 万元，自第一年起，每年年末净现金流量为 500 万元，计算期为 5 年，期末残值为 100 万元。请画出该项目的现金流量图。

【解】根据题意及现金流量图的作图规则，某工程项目的现金流量图如图 1-1 所示。

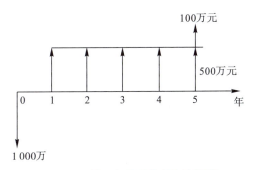

图 1-1 某工程项目的现金流量图

引导问题 8：什么是资金的等值计算？

_____
_____
_____

引导问题 9：什么是资金的现值、中值、年金？分别用什么字母表示？什么是折现？

_____
_____
_____

引导问题 10：某人借款 50 000 元，年复利率 $i=10\%$，第 5 年年末连本带利一次需偿还多少？

【解】$F=P(1+i)^n=50\ 000\times(1+10\%)^5=50\ 000\times 1.605\ 1=80\ 525.5$

第 5 年年末连本带利一次需偿还 80 525.5 元。

引导问题 11：某企业对投资收益率为 10% 的项目进行投资，希望第 4 年年末有 1 464.1 万元资金，现在需投资多少？

【解】$P=F(1+i)^{-n}=1\ 464.1\times(1+10\%)^{-4}=1\ 464.1\times 0.683\ 0=1\ 000$

现在需投资 1000 万元。

引导问题 12：某投资人若 10 年内每年年末存 10 万元，年利率为 8%，第 10 年年末本利和为多少？

【解】$F=A\dfrac{(1+i)^n-1}{i}=10\times\dfrac{(1+8\%)^{10}-1}{8\%}=10\times 14.487=144.87$

第 10 年年末本利和为 144.87 万元。

引导问题13：某人想5年后获得200万元的存款，年利率为10%，每年应存多少？

【解】$A = F \dfrac{i}{(1+i)^n - 1} = 200 \times \dfrac{10\%}{(1+10\%)^5 - 1} = 32.76$

每年应存32.76万元。

引导问题14：某投资项目，计算期为5年，每年年末等额回收100万元，在年利率为10%时，开始须一次投资多少？

【解】$P = A \dfrac{(1+i)^n - 1}{i(1+i)^n} = 100 \times \dfrac{(1+10\%)^5 - 1}{10\% \times (1+10\%)^5} = 100 \times 3.7908 = 379.08$

开始须一次投资379.08万元。

引导问题15：某人购买新房，贷款20万元，年利率为10%，贷款期限为10年，则每年应还多少钱？

【解】$A = P \dfrac{i(1+i)^n}{(1+i)^n - 1} = 200\,000 \times \dfrac{10\% \times (1+10\%)^{10}}{(1+10\%)^{10} - 1}$
$= 200\,000 \times 0.1628 = 32\,560$

每年应还32 560元。

引导问题16：某项目投资10 000万元，由甲乙双方共同投资。其中，甲方出资60%，乙方出资40%。双方未重视各方出资时间，其出资情况如表1-3所示。设该项目的收益率$i = 10\%$，考虑资金时间价值，出资情况符合各方的出资比例吗？

表1-3　甲乙双方出资情况　　　　　　　　　　　　　　　单位：万元

项目	第1年	第2年	第3年	合计	所占比例
甲方出资额	3 000	2 000	1 000	6 000	60%
乙方出资额	1 000	1 000	2 000	4 000	40%
合计	4 000	3 000	3 000	10 000	100%

【解】考虑资金时间价值后，运用等值的概念将每年的出资额折现，甲乙双方投资的现值如表1-4所示。

表 1-4 甲乙双方投资的现值　　　　　　　　　　　　单位：万元

项目	第1年	第2年	第3年	合计	所占比例
折现系数	0.909 1	0.826 4	0.751 3	—	—
甲方出资额	2 727.3	1 652.8	751.3	5 131.4	61.31%
乙方出资额	909.1	826.4	1 502.6	3 238.1	38.69%
合计	3 636.4	2 479.2	2 253.9	8 369.5	100%

由上表可知，这种出资安排有损甲方的利益，必须重新作出安排。一般情况下，应坚持按比例同时出资；特殊情况下，不能按比例同时出资的，应进行资金等值换算。

引导问题17：什么是名义利率和实际利率？

_____

_____

_____

引导问题18：请查阅资料，推导名义利率与有效利率的转化。

_____

_____

_____

引导问题19：设年名义利率 $r=10\%$，计算计息期分别为年、半年、季、月、日时的年有效利率。

【解】各计息期的年有效利率如表1-5所示。

表 1-5 各计息期的年有效利率

年名义利率(r)	计息期	年计息次数(m)	计息期利率($i=r/m$)	年有效利率(i_{eff})
10%	年	1	10%	10%
	半年	2	5%	10.25%
	季	4	2.5%	10.38%
	月	12	0.833%	10.46%
	日	365	0.027 4%	10.51%

具体计算过程如下：

年利率 $i=r/m=10\%/1=10\%$，则其年有效利率 $i_{\text{eff}}=\left(1+\dfrac{10\%}{1}\right)-1=10\%$；

半年利率 $i=r/m=10\%/2=5\%$，则其年有效利率 $i_{\text{eff}}=\left(1+\dfrac{10\%}{2}\right)^2-1=10.25\%$；

季利率 $i=r/m=10\%/4=2.5\%$，则其年有效利率 $i_{\text{eff}}=\left(1+\dfrac{10\%}{4}\right)^4-1=10.38\%$；

月利率 $i=r/m=10\%/12=0.833\%$，则其年有效利率 $i_{\text{eff}}=\left(1+\dfrac{10\%}{12}\right)^{12}-1=10.46\%$；

日利率 $i=r/m=10\%/365=0.0274\%$，则其年有效利率 $i_{\text{eff}}=\left(1+\dfrac{10\%}{365}\right)^{365}-1=10.51\%$。

引导问题 20：现有存款 1 000 元，年利率为 10%，半年复利一次。第 5 年年末存款金额为多少？

【解】现金流量图如图 1-2 所示。

图 1-2 现金流量图

(1) 按年实际利率计算：
$$i_{\text{eff}}=(1+10\%/2)^2-1=10.25\%$$
$$F=1\,000\times(1+10.25)^5$$
$$=1\,000\times 1.628\,89=1\,628.89$$

(2) 按计息周期利率计算：
$$F=1\,000\times\left(F/P,\dfrac{10\%}{2},2\times 5\right)$$
$$=1\,000\times(F/P,5\%,10)$$
$$=1\,000\times(1+5\%)^{10}$$
$$=1\,000\times 1.628\,89=1\,628.89$$

有时上述两法计算结果有很小差异，这是由于一次支付终值系数略去了尾数误差造成的，此差异是被允许的。

引导问题 21：每半年存款 1 000 元，年利率为 8%，每季复利一次。第 5 年年末存款金额为多少？

【解】现金流量如图 1-3 所示。

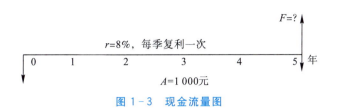

图1-3 现金流量图

计息期利率：
$$i = r/m = 8\%/4 = 2\%$$

半年期有效利率：
$$i_{\text{eff}} = (1+2\%)^2 - 1 = 4.04\%$$

$$F = 1\,000(F/A, 4.04\%, 2\times5) = 1\,000 \times 12.029 = 12\,029$$

第5年年末存款金额为12 029元。

四、任务分组

分组任务：将学生按特定数量分组，以小组为单位，进行任务分工，明确工作任务，填写分组任务表，如表1-6所示。

表1-6 学生任务分配表

班级		组号		指导教师	
姓名	学号	分工任务			

五、问题分析

教师针对各小组获取的信息，对学生理解不全面、不透彻的内容进行讲解，并提出指导性意见，学生重新修改引导问题答案。

六、任务实施

学生小组按照资金等值计算公式对某现金流量进行资金等值换算。

现金流量图如图1-4所示。

图1-4 现金流量图

$$F = P(1+i)^n = P(F/P, i, n) = 100(F/P, 10\%, 5)$$
$$= 100 \times 1.6105 = 161.05$$

计算结果表明，该工程项目现在向银行借款100万元，第5年年末一次偿还银行的资金是161.05万元。

七、评价反馈

小组组长介绍任务完成情况，进行学生自评、小组互评，结果填写至评价表中，如表1-7所示。

表 1-7 学生评价表

班级		姓名		学号	
序号	项目	分值	学生自评打分	小组互评得分	综合得分
1	引导问题填写	60			
2	任务是否按时完成	10			
3	资金时间价值意义理解是否深刻	10			
4	资金等值计算是否正确	10			
5	是否服从指挥，配合其他人员	5			
6	资料上交情况	5			
合计		100			

八、相关知识

（一）资金时间价值的计算及应用

人们无论从事何种经济活动，都必须花费一定的时间。在一定意义上讲，时间是一种最宝贵也是最有限的"资源"。有效地使用资源可以产生更多的价值。所以，对时间因素的研究是工程经济分析的重要内容。要正确评价技术方案的经济效果，就必须研究资金的时间价值。

1. 资金时间价值的概念

在工程经济计算中，技术方案的经济效益，所消耗的人力、物力和自然资源，最后都是以价值形态，即资金的形式表现出来的。在工程经济分析时，不仅要着眼于技术方案资金量的大小（资金收入和支出的多少），而且也要考虑资金发生的时间。资金是运动的价值，资金的价值是随时间变化而变化的，是时间的函数，随时间的推移而增值，其增值的这部分资金就是原有资金的时间价值。其实质是资金作为生

资金时间价值的概念

产经营要素，在扩大再生产及资金流通过程中，随时间周转使用的结果。

影响资金时间价值的因素很多，主要有以下几点：

①资金的使用时间。在单位时间的资金增值率一定的条件下，资金使用时间越长，资金的时间价值越大；使用时间越短，资金的时间价值越小。

②资金数量的多少。在其他条件不变的情况下，资金数量越多，资金的时间价值就越多；反之，资金的时间价值就越少。

③资金投入和回收的特点。在总资金一定的情况下，前期投入的资金越多，资金的负效益越大；反之，后期投入的资金越多，资金的负效益越小。而在资金回收额一定的情况下，离现在越近的时间，回收的资金越多，资金的时间价值就越多；反之，离现在越远的时间，回收的资金越少，资金的时间价值就越少。

④资金周转的速度。资金周转越快，在一定的时间内等量资金的周转次数越多，资金的时间价值越多；反之，资金的时间价值越少。

总之，资金的时间价值是客观存在的，生产经营的一项基本原则就是充分利用资金的时间价值并最大限度地获得其时间价值，这就要加速资金周转，早期回收资金，并不断从事利润较高的投资活动；任何资金的闲置，都是在损失资金的时间价值。

2. 利息与利率的概念

对于资金时间价值的换算一般采用复利计算利息的方法，因为利息就是资金时间价值的一种重要表现形式。而且通常用利息额的多少作为衡量资金时间价值的绝对尺度，用利率作为衡量资金时间价值的相对尺度。

利息与利率的概念

(1)利息。在借贷过程中，债务人支付给债权人超过原借贷金额的部分就是利息。即

$$I = F - P \tag{1-1}$$

式中：I——利息；

F——目前债务人应付（或债权人应收）总金额，即还本付息总额；

P——原借贷金额，常称为本金。

从本质上看，利息是由贷款发生利润的一种再分配。在工程经济分析中，利息常常被看成是资金的一种机会成本。这是因为如果放弃资金的使用权利，相当于失去收益的机会，也就相当于付出了一定的代价。事实上，投资就是为了在未来获得更大的收益而对目前的资金进行某种安排。很显然，未来的收益应当超过现在的投资，正是这种预期的价值增长才能刺激人们从事投资。因此，在工程经济分析中，利息常常是指占用资金所付的代价或者是放弃使用资金所得的补偿。

(2)利率。在经济学中，利率的定义是从利息的定义中衍生出来的。也就是说，在理论上先讲解了利息，再以利息来解释利率。在实际计算中，正好相反，常根据利率

计算利息。

利率就是在单位时间内所得利息额与原借贷金额之比,通常用百分数表示。即

$$i = \frac{I_t}{P} \times 100\% \quad (1-2)$$

式中：i——利率；

I_t——单位时间内所得的利息额。

用于表示计算利息的时间单位称为计息周期,计息周期 t 通常为年、半年、季、月、周或天。

【案例 1-1】某公司现借得本金 1 000 万元,一年后付息 80 万元,则年利率为多少?

【解】$i = \frac{80}{1\,000} \times 100\% = 8\%$

利率是各国发展国民经济的重要杠杆之一,利率的高低由以下因素决定:

①利率的高低首先取决于社会平均利润率的高低,并随之变动。在通常情况下,社会平均利润率是利率的最高界限。因为如果利率高于利润率,无利可图就不会去借款。

②在社会平均利润率不变的情况下,利率高低取决于金融市场上借贷资本的供求情况。借贷资本供过于求,利率便下降;反之,求过于供,利率便上升。

③借出资本要承担一定的风险,风险越大,利率也就越高。

④通货膨胀对利息的波动有直接影响,资金贬值往往会使利息在无形中成为负值。

⑤借出资本的期限长短。贷款期限长,不可预见因素多,风险大,利率就高;反之利率就低。

3. 利息的计算

利息计算有单利和复利之分。当计息周期在一个以上时,就需要考虑单利与复利的问题。

利息的计算

(1)单利。所谓单利是指在计算利息时,仅用最初本金来计算,而不计入先前计息周期中所累积增加的利息,即通常所说的"利不生利"的计息方法。其计算式为

$$I_t = P \times i_单 \quad (1-3)$$

式中：I_t——第 t 计息周期的利息额；

P——本金；

$i_单$——计息周期单利利率。

而 n 期末单利本利和 F 等于本金加上总利息,即

$$F = P + I_n = P(1 + n \times i_单) \quad (1-4)$$

式中：I_n——n 个计息周期所付或所收的单利总利息,即

$$I_n = \sum_{t=1}^{n} I_t = \sum_{t=1}^{n} P \times i_单 = P \times i_单 \times n \tag{1-5}$$

在以单利计息的情况下，总利息与本金、利率及计息周期数呈正比关系。

此外，在利用式(1-4)计算本利和 F 时，要注意式中 n 和 $i_单$ 反映的时期要一致。如 $i_单$ 为年利率，则 n 应为计息的年数；若 $i_单$ 为月利率，n 即应为计息的月数。

【案例1-2】假如某企业以单利方式借入 1 000 万元，年利率为 5%，第 4 年年末偿还，则各年利息和本利和是多少？

【解】单利计算分析如表 1-8 所示。

表 1-8 单利计算分析表　　　　　　　　　　　　　　　　　　单位：万元

使用期	年初款额	年末利息	年末本利和	年末偿还
1 年	1 000	1 000×5%=50	1 050	0
2 年	1 050	1 000×5%=50	1 100	0
3 年	1 100	1 000×5%=50	1 150	0
4 年	1 150	1 000×5%=50	1 200	1 200

由上表可见，单利的年利息额都仅由本金所产生，其新生利息不再加入本金产生利息，此即"利不生利"。这不符合客观的经济发展规律，没有反映资金随时都在"增值"的概念，也没有完全反映资金的时间价值。因此，在工程经济分析中单利使用较少，通常只适用于短期投资或短期贷款。

(2)复利。所谓复利是指在计算某一计息周期的利息时，其先前周期上所累积的利息要计算利息，即"利生利""利滚利"的计息方式。其表达式如下：

$$I_t = i \times F_{t-1} \tag{1-6}$$

式中：i——计息周期复利利率；

F_{t-1}——第 $t-1$ 期末复利本利和。

而第 t 期末复利本利和的表达式如下：

$$F = P(1+i)^n \tag{1-7}$$

【案例1-3】数据同【案例1-2】，按复利计算，则各年利息和本利和是多少？

【解】复利计算分析表如表 1-9 所示。

表 1-9 复利计算分析表　　　　　　　　　　　　　　　　　　单位：万元

使用期	年初款额	年末利息	年末本利和	年末偿还
1 年	1 000	1 000×5%=50	1 050	0
2 年	1 050	1 050×5%=52.5	1 102.5	0
3 年	1 102.5	1 102.5×5%=55.125	1 157.625	0
4 年	1 157.625	1 157.625×5%=57.881 25	1 215.506 25	1 215.506 25

从表1-8和表1-9可以看出，同一笔借款，在利率和计息周期均相同的情况下，用复利计算出的利息金额比用单利计算出的利息金额多。如【案例1-3】与【案例1-2】两者相差15.506 25万元(1 215.506 25-1 200)。本金越大，利率越高，计息周期越长时，两者差距就越大。复利计息比较符合资金在社会再生产过程中运动的实际状况。因此，在实际中得到了广泛的应用，在工程经济分析中，一般采用复利计算。

复利计算有间断复利和连续复利之分。按期(年、半年、季、月、周、日)计算复利的方法称为间断复利(即普通复利)；按瞬时计算复利的方法称为连续复利。在实际使用中都采用间断复利，一方面这是出于习惯，另一方面是因为会计通常在年底结算一年的进出款，按年支付税金、保险金和抵押费用，因而采用间断复利考虑问题更适宜。

(二)资金等值计算及应用

资金有时间价值，即使金额相同，因其发生在不同时间，其价值就不相同。反之，不同时点绝对数额不等的资金在时间价值的作用下却可能具有相等的价值。利用等值的概念，可以把在一个时点发生的资金金额换算成另一时点的等值金额，这一过程叫作资金的等值计算。常用的等值复利计算公式有一次支付的终值和现值计算公式，等额支付系列的终值、现值、资金回收和偿债基本计算公式。

1. 现金流量图的绘制

(1)现金流量的概念。在进行工程经济分析时，可把所考察的技术方案视为一个系统。投入的资金、花费的成本和获取的收益，均可看成是以资金形式体现的该系统的资金流出或资金流入。这种在考察技术方案整个期间各时点 t 上实际发生的资金流出或资金流入称为现金流量，其中流出系统的资金称为现金流出，用符号 C_{ot} 表示；流入系统的资金称为现金流入，用符号 C_{it} 表示；现金流入与现金流出之差称为净现金流量，用符号 $(C_i-C_o)_t$ 表示。

(2)现金流量图的绘制。对于一个技术方案，其每次现金流量的流向(支出或收入)、数额和发生时间都不尽相同，为了正确地进行工程经济分析计算，我们有必要借助现金流量图来进行分析。所谓现金流量图就是一种反映技术方案资金运动状态的图示，即把技术方案的现金流量绘入一时间坐标图中，表示出各现金流入、流出与相应时间的对应关系，如图1-5所示。运用现金流量图，就可全面、形象、直观地表达技术方案的资金运动状态。

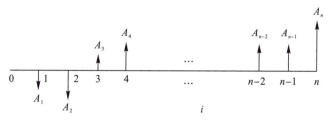

图1-5 现金流量图

现以图 1-5 说明现金流量图的作图方法和规则。

①以横轴为时间轴，向右延伸表示时间的延续，轴上每一刻度表示一个时间单位，可取年、半年、季或月等；时间轴上的点称为时点，通常表示的是该时间单位末的时点；0 表示时间序列的起点。整个横轴又可看成是我们所考察的"技术方案"。

②相对于时间坐标的垂直箭线代表不同时点的现金流量情况，现金流量的性质（流入或流出）是对特定的人而言的。对投资人而言，在横轴上方的箭线表示现金流入（或现金净流入），即表示收益；在横轴下方的箭线表示现金流出（或现金净流出），即表示费用。

③在现金流量图中，箭线长短与现金流量数值大小本应成比例，但由于技术方案中各时点现金流量常常差额悬殊而无法成比例绘出，故在现金流量图绘制中，箭线长短只要能适当体现各时点现金流量数值的差异，并在各箭线上方（或下方）注明其现金流量的数值即可。

④箭线与时间轴的交点即为现金流量发生的时点。

总之，要正确绘制现金流量图，必须把握好现金流量的三要素，即现金流量的大小（现金流量数额）、方向（现金流入或现金流出）和作用点（现金流量发生的时点）。

【案例 1-4】某建设项目投资总额为 1 000 万元，建设期为 3 年，各年投资比例分别为 20%、50%、30%，项目从第 4 年开始产生效益，每年的净现金流量为 300 万元，项目计算期为 10 年，在最后一年可收回固定资产余值及流动资金 100 万元。作出该项目的现金流量图。

【解】项目计算期一般分为 4 个时期：建设期、投产期、达产期和回收处理期，一般项目投资过程的现金流量图如图 1-6 所示。

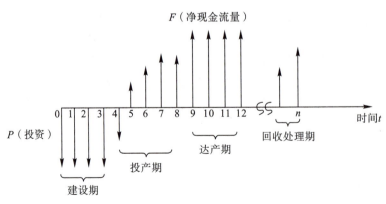

图 1-6 一般项目投资过程的现金流量图

2. 资金等值计算公式

（1）一次支付的终值和现值计算。

一次支付终值公式计算的是现在时点发生的一笔资金的将来值，而一次支付现值公式计算的是将来某一时点发生的资金的现值。

一次支付的终值和现值计算

一次支付又称整存整付，它是指所分析系统的现金流量，无论是流入还是流出，分别在各时点上只发生一次，如图 1-7 所示。一次支付现金的复利计算式是复利计算的基本公式。

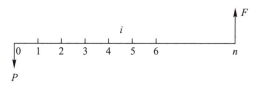

图 1-7 一次支付现金流量图

上图中，i 为计息期复利率；n 为计息的期数；P 为现值（即现在的资金价值或本金）；F 为终值（即 n 期末的资金值或本利和）。

①终值计算（已知 P，求 F）。现有一项资金 P，年利率 i 按复利计算，根据复利的定义即可求得 n 年末本利和（即终值）F。

$$F=P(1+i)^n \tag{1-8}$$

式中：$(1+i)^n$——一次支付终值系数，用符号 $(F/P, i, n)$ 表示。

故式（1-8）也可表示为

$$F=P(F/P, i, n) \tag{1-9}$$

在 $(F/P, i, n)$ 这类符号中，括号内斜线上的符号表示所求的未知数，斜线下的符号表示已知数。$(F/P, i, n)$ 表示在已知 P、i 和 n 的情况下求解 F 的值。

【案例 1-5】某公司借款 1 000 万元，年复利率 $i=10\%$，试问第 5 年年末连本带利一次需偿还多少？

【解】$F=P(1+i)^n=1\,000\times(1+10\%)^5=1\,000\times1.605\,1=1\,610.51$

②现值计算（已知 F，求 P）。由式（1-8）的逆运算即可得出现值 P 的计算式为

$$P=\frac{F}{(1+i)^n}=F(1+i)^{-n} \tag{1-10}$$

式中：$(1+i)^{-n}$——一次支付现值系数，用符号 $(P/F, i, n)$ 表示。式（1-10）又可表示为

$$P=F(P/F, i, n) \tag{1-11}$$

一次支付现值系数这个名称描述了它的功能，即未来一笔资金乘上该系数就可求出其现值。计算现值 P 的过程叫"折现"或"贴现"，其所使用的利率常称为折现率或贴现率。故 $(1+i)^{-n}$ 或 $(P/F, i, n)$ 也可叫折现系数或贴现系数。

【案例 1-6】 某公司希望所投资项目第 5 年年末有 1 000 万元资金,年复利率 $i=10\%$,试问现在须一次投入多少?

【解】 $P=F(1+i)^{-n}=1\ 000\times(1+10\%)^{-5}=1\ 000\times0.620\ 9=620.9$

从上面计算可知,现值与终值的概念和计算方法正好相反,因为现值系数与终值系数互为倒数,即 $(P/F,i,n)=1/(F/P,i,n)$。

在 P 一定,n 相同时,i 越高,F 越大;在 i 相同时,n 越长,F 越大。在 F 一定,n 相同时,i 越高,P 越小;在 i 相同时,n 越长,P 越小。

(2)等额支付系列的计算。

等额支付即每年支付的金额大小相等,且现金流量序列是连续的,其主要特点是有 N 个等额资金 A 连续地发生在每个时点上,A 叫作年金,包括以下四个基本公式。

等额支付系列计算

① 年金终值计算公式(已知 A,求 F)。年金终值计算指从第一个计息周期的期末开始,以后各个计息周期末都向银行存入一笔钱 A,年利率以 i 表示(A 表示年金;F 表示终值),求 n 年后的资金价值是多少。年金终值计算公式的现金流量图如图 1-8 所示。

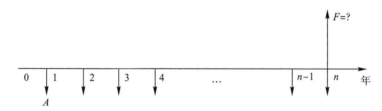

图 1-8 年金终值计算公式的现金流量图

$$F=\sum_{t=1}^{n}A_t(1+i)^{n-t}=A[(1+i)^{n-1}+(1+i)^{n-2}+\cdots+(1+i)+1]$$

$$F=A\frac{(1+i)^n-1}{i} \quad (1-12)$$

式中:$\frac{(1+i)^n-1}{i}$ ——等额支付系列终值系数或年金终值系数,用符号 $(F/A,i,n)$ 表示。则式(1-12)又可表示为

$$F=A(F/A,i,n) \quad (1-13)$$

【案例 1-7】 某人购买了一份保险,每年年末向保险公司缴纳保费 2 500 元,连续 20 年,年收益率为 5%,第 20 年年末可以获得多少钱?

【解】 $F=2\ 500\times\dfrac{(1+5\%)^{20}-1}{5\%}=82\ 664.89$

② 偿债基金(或存储基金)计算公式(已知 F,求 A)。若已知在第 n 年年末应还清的本利和为 F,年利率为 i,每年应等额偿还的偿还额就叫作偿债基金。反过来,若在第 n 年

年末需要从银行取出资金 F，年利率为 i，从现在开始，每年年末应向银行存入多少钱，此时求得的数值就叫作存储基金。偿债基金计算公式的现金流量图如图 1-9 所示。

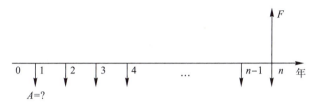

图 1-9 偿债基金计算公式的现金流量图

由式(1-12)得

$$A = F \frac{i}{(1+i)^n - 1} \qquad (1-14)$$

式中：$\dfrac{i}{(1+i)^n - 1}$ ——偿债基金系数，用符号 $(A/F, i, n)$ 表示。所以，偿债基金公式又可表示为

$$A = F(A/F, i, n) \qquad (1-15)$$

【案例 1-8】 某人预计第 7 年年末需要一笔资金 1 500 万元，在年利率为 6% 的条件下，在 7 年之内每年年末应存入银行多少资金？

【解】 $A = 1\ 500 \times \dfrac{6\%}{(1+6\%)^7 - 1} = 178.7$

③资本回收计算公式(已知 P，求 A)。资本回收计算指在第一年年初从银行借入一笔资金 P，年利率为 i，这笔资金在以后的 n 年内等额偿还，求每年应偿还多少。资本回收计算公式的现金流量图如图 1-10 所示。

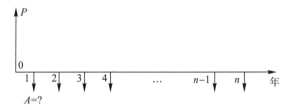

图 1-10 资本回收计算公式的现金流量图

由式(1-14)和式(1-8)得

$$A = F \frac{i}{(1+i)^n - 1} = P \frac{i(1+i)^n}{(1+i)^n - 1} \qquad (1-16)$$

式中：$\dfrac{i(1+i)^n}{(1+i)^n - 1}$ ——资本回收系数，用符号表示为 $(A/P, i, n)$。所以，资本回收公式又可表示为

$$A = P(A/P, i, n) \qquad (1-17)$$

【案例 1-9】某项工程投资借款为 50 万元，年利率为 10%，拟分 5 年年末等额偿还，偿还金额是多少？

【解】$A = P\dfrac{i(1+i)^n}{(1+i)^n - 1} = 50 \times \dfrac{10\% \times (1+10\%)^5}{(1+10\%)^5 - 1} = 50 \times 0.2638 = 13.19$

④年金现金计算公式（已知 A，求 P）。若已知每年年末都有一笔固定金额的收入（从第一年的年末开始），年利率为 i，若将 n 个计息期末的年金均折算到 0 点，相当于现值多少？年金现金计算公式的现金流量图如图 1-11 所示。

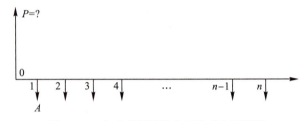

图 1-11 年金现值计算公式的现金流量图

由式(1-16)得

$$P = A\dfrac{(1+i)^n - 1}{i(1+i)^n} \tag{1-18}$$

式中：$\dfrac{(1+i)^n - 1}{i(1+i)^n}$——年金现值系数，用符号 $(P/A, i, n)$。所以，年金现值公式又可表示为

$$P = A(P/A, i, n) \tag{1-19}$$

【案例 1-10】某项投资预计每年收益为 2 万元，当年利率为 10% 时，10 年内可以全部收回投资，期初的投资是多少？

【解】$P = A\dfrac{(1+i)^n - 1}{i(1+i)^n} = 2 \times \dfrac{(1+10\%)^{10} - 1}{10\% \times (1+10\%)^{10}} = 2 \times 6.1446 = 12.2892$

3. 等值计算公式使用注意事项

(1) 计息期数为时点或时标，本期末即等于下期初。0 点就是第一期初，也叫零期；第一期末即等于第二期初；余类推。

(2) P 在第一计息期开始时（0 期）发生。

(3) F 发生在考察期期末，即 n 期末。

(4) 各期的等额支付 A，发生在各期期末。

(5) 当问题包括 P 与 A 时，系列的第一个 A 与 P 隔一期。即 P 发生在系列 A 的前一期期末。

(6) 当问题包括 A 与 F 时，系列的最后一个 A 与 F 同时发生。不能把 A 定在每期期初，因为公式的建立与它是不相符的。

> **知识链接**
>
> 倒数关系：
>
> $$(F/P, i, n) = 1/(P/F, i, n)$$
> $$(A/P, i, n) = 1/(P/A, i, n)$$
> $$(A/F, i, n) = 1/(F/A, i, n)$$
>
> 乘积关系：
>
> $$(F/A, i, n) = (P/A, i, n) \cdot (F/P, i, n)$$
> $$(F/P, i, n) = (A/P, i, n) \cdot (F/A, i, n)$$

(三) 名义利率与有效利率的计算

在复利计算中，利率周期通常以年为单位，它可以与计息周期相同，也可以不同。当计息周期小于一年时，就出现了名义利率和有效利率的概念。

名义利率与有效利率的计算

1. 名义利率的计算

所谓名义利率 r 是指计息周期利率 i 乘以一年内的计息周期数 m 所得的年利率，即

$$r = i \times m \tag{1-20}$$

若计息周期月利率为 1%，则年名义利率为 12%。很显然，计算名义利率时忽略了前面各期利息再生的因素，这与单利的计算相同。通常所说的年利率都是名义利率。

2. 有效利率的计算

有效利率是指资金在计息中所发生的实际利率，包括计息周期有效利率和年有效利率两种情况。

(1) 计息周期有效利率的计算。计息周期有效利率，即计息周期利率 i，其计算由式(1-20)可得

$$i = \frac{r}{m} \tag{1-21}$$

(2) 年有效利率的计算。若用计息周期利率来计算年有效利率，并将年内的利息再生因素考虑进去，这时所得的年利率称为年有效利率（又称年实际利率）。根据利率的概念即可推导出年有效利率的计算式。

已知某年初有资金 P，名义利率为 r，一年内计息 m 次[如式(1-20)所示]，则计息周期利率为 $i = \frac{r}{m}$。根据一次支付终值公式 $F = P(1+i)^n$ 可得该年的本利和 F，即

$$F = P\left(1 + \frac{r}{m}\right)^m$$

根据利息的定义可得该年的利息 I 为

$$I=F-P=P\left(1+\frac{r}{m}\right)^m-P=P\left[\left(1+\frac{r}{m}\right)^m-1\right]$$

再根据利率的定义可得该年的实际利率，即有效利率 i_{eff} 为

$$i_{\text{eff}}=\frac{I}{P}=\left(1+\frac{r}{m}\right)^m-1 \tag{1-22}$$

由此可见，有效利率和名义利率的关系实质上与复利和单利的关系一样。

如图 1-12 所示为年有效利率计算现金流量图。

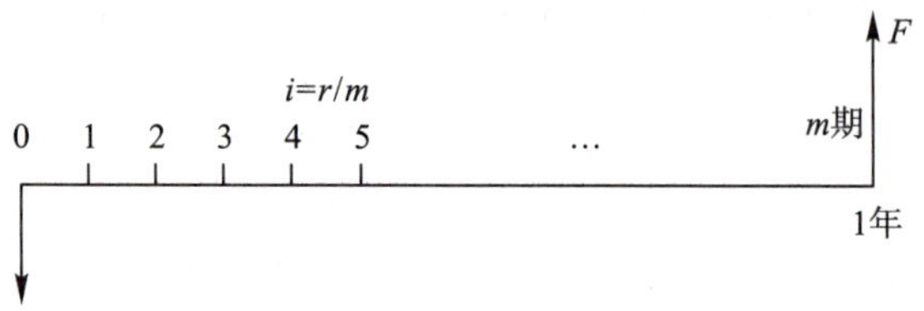

图 1-12 年有效利率计算现金流量图

【案例 1-11】现设年名义利率 $r=12\%$，求年、半年、季、月、日的年有效利率，并与其名义利率比较。

【解】由式(1-21)求得各计息期利率，再由式(1-22)求得各计息期的年有效利率，如表 1-10 所示。

表 1-10 名义利率与有效利率比较表

年名义利率(r)	计息期	年计息次数(m)	计息期利率($i=r/m$)	年有效利率(i_{eff})
12%	年	1	12%	12%
	半年	2	6%	12.36%
	季	4	3%	12.5509%
	月	12	1%	12.6825%
	日	365	0.0329%	12.7475%

从式(1-22)和表 1-10 可以看出，每年计息周期 m 越多，i_{eff} 与 r 相差越大；另一方面，名义利率 12%，按季度计息时，按季度利率 3% 计息与按年利率 12.5509% 计息，二者是等价的。所以，在工程经济分析中，如果各技术方案的计息期不同，就不能简单地使用名义利率来评价，而必须换算成有效利率进行评价，否则会得出不正确的结论。

(四)等值计算实例

1. 计息期与支付期一致的计算

【案例 1-12】某人从第 1 年到第 4 年每年年末到银行存款 1 万元，

计息期与支付期
一致的计算

年利率为 10%，那么第 10 年年末其账户上有多少元？其现金流量图如图 1-13 所示。

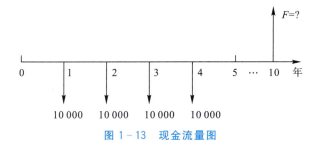

图 1-13 现金流量图

【解】由 $F=A(F/A, i, n)$ 得
$$F_4=A(F/A, i, n)=10\,000\times(F/A, 10\%, 4)=46\,410$$
由 $F=P(F/P, i, n)$ 得
$$F_{10}=P(F/P, i, n)=46\,410\times(F/P, 10\%, 6)=82\,238.52$$
那么第 10 年年末其账户上有 82 238.52 元。

【案例 1-13】一学生上大学，每年年末贷款 6 000 元，年利率为 5%，第 4 年毕业，毕业 1 年后开始还款，6 年内还清，每年应该还多少钱？现金流量图如图 1-14 所示。

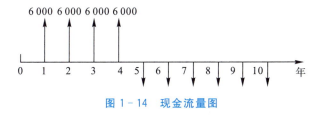

图 1-14 现金流量图

【解】该案例先将前 4 年的贷款换算为第 4 年年末的本利和，然后将本利和换算为连续 6 年每年支付的年金。
$$A=6\,000\times(F/A, 5\%, 4)\times(A/P, 5\%, 6)=5\,094.42$$
该学生每年需还 5 094.42 元。

2. 计息期短于支付期的计算

当计息周期小于资金收付周期时，等值的计算方法有两种：一是按收付周期实际利率计算；二是按计算周期利率计算。

【案例 1-14】按年利率为 12%，每季度计息一次，从现在起，连续 3 年，每年年末等额支付借款为 1 000 元，与其等值的第 3 年年末的借款金额为多少？

【解】按季度计息年度支付的现金流量图如图 1-15 所示。

计息期短于支付期的计算

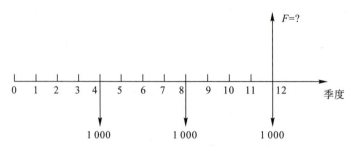

图1-15 按季度计息年度支付的现金流量图(单位:元)

每年向银行借一次,支付周期为一年,年利率为12%,每季度计息一次,计息周期为一个季度,计息周期短于支付周期。本例不能直接采用利息公式,需要进行修改,修改方法有如下3种。

第一种方法:取一个循环周期,使这个周期的年末支付转变成等值的计息周期期末的等额支付系列,其现金流量如图1-16所示。

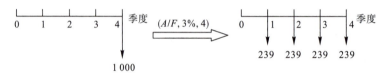

图1-16 将年末支付转变为计息周期期末支付的现金流量图(单位:元)

$$A = F(A/F, 3\%, 4) = 1\,000 \times 0.239\,0 = 239$$

式中,$r=12\%$,$n=4$,得

$$i = 12\% \div 4 = 3\%$$

经过转变后,计息周期和支付周期完全重合,可直接利用利息公式进行计算,其现金流量图如图1-17所示。

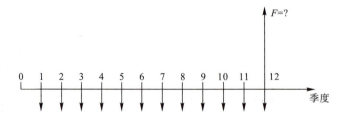

图1-17 经转变后计息周期与支付周期重合的现金流量图(单位:元)

$$F = A(F/A, 3\%, 12) = 239 \times 14.192 \approx 3\,392$$

第二种方法:把等额支付的每一个支付看作一次支付,求出每个支付的将来值,然后把将来值加起来,这个和就是等额支付的实际结果。

$$F = 1\,000(F/P, 3\%, 8) + 1\,000(F/P, 3\%, 4) + 1\,000 \approx 3\,392$$

式中,第一项表示第 1 年年末借款 1 000 元将计息 8 次,第二项表示第 2 年年末借款 1 000 元将计息 4 次,第三项表示第 3 年年末借款 1 000 元。

第三种方法:将名义利率转化为有效年利率,以一年为基础进行计算。有效年利率为

$$i=\left(1+\frac{r}{m}\right)^m-1=\left(1+\frac{0.12}{4}\right)^4-1\approx 12.55\%$$

由此可得

$$F=A(F/A,12.55\%,3)=1\,000\times 3.392\,3\approx 3\,392$$

其中,$(F/A,12.55\%,3)=3.392\,3$ 可查复利系数表通过线性内插法求得。

通过以上 3 种方法计算表明,按年利率为 12%,每季度计息一次,从现在起连续 3 年的 1 000 元等额年末借款与第 3 年年末的 3 392 元等值。

注意:对等额系列流量,只有计息周期与收付周期一致时才能按计息期利率计算。否则,只能用收付周期的实际利率计算。

3. 计息期长于支付周期的计算

通常规定存款必须存满一个计息周期时才计算利息。当计息周期长于支付周期时,在计息周期所收或付的款项不计算利息,也就是说,在某计息周期期间存入的款项,相当于在下一个计息周期期初存入的,在计息周期内提取的款项,相当于在前一个计息周期期末提取的。

计息期长于支付
周期的计算

处理原则是,计息周期期间的存款或借款放在本期末,而取款或还款放在本期初。

4. 综合计算实例

【案例 1-15】要使现在的 1 000 元与 10 年后的 2 000 元等值,年利率应为多少?

【解】已知 $P=1\,000$,$F=2\,000$,$n=10$。

第一种方法:

由

$$F=P(1+i)^n$$

得

$$2\,000=1\,000\times(1+i)^{10}$$

解得

$$i=7.18\%$$

第二种方法:

由

$$F=P(F/P,i,n)$$

得

$$2\,000=1\,000\times(F/P,i,10)$$

解得

$$(F/P,i,10)=2.0$$

查一次支付复利系数表知:$i=7\%$ 时,$(F/P,i,10)=1.967\,1$;$i=8\%$ 时,$(F/P,i,10)=2.158\,9$。

用插值法求得

$$i=7\%+\frac{2-1.967\,1}{2.158\,9-1.967\,1}(8\%-7\%)=7.17\%$$

故年利率应为 7.17%。

【案例 1-16】 在年利率为 5% 的条件下，现在存入银行的 1 000 元，多少年后本利和为 3 000 元？

【解】 已知 $P=1\,000$，$F=3\,000$，$i=5\%$。

第一种方法：

由
$$F=P(1+i)^n$$

得
$$3\,000=1\,000\times(1+5\%)^n$$

解得
$$n=22.52$$

第二种方法：

由
$$F=P(F/P,i,n)$$

得
$$3\,000=1\,000\times(F/P,5\%,n)$$

解得
$$(F/P,5\%,n)=3.0$$

查 5% 的一次支付复利系数表可知：$n=22$ 时，$(F/P,5\%,22)=2.925\,3$；$n=23$ 时，$(F/P,5\%,23)=3.071\,5$。

用插值法求得
$$n=22+\frac{3-2.925\,3}{3.071\,5-2.925\,3}(23-22)=22.51$$

由此可知，22.51 年后本利和为 3 000 元。

【案例 1-17】 某企业借款 200 万元用于工程建设，第 2 年年底建成投产，投产后每年收益 40 万元。若年利率为 10%，那么在投产后多少年能归还 200 万元的本息？

【解】 其现金流量图如图 1-18 所示。

图 1-18 现金流量图(单位：万元)

计算借款在第 2 年年末的等值：
$$F=200(F/P,10\%,2)=200\times1.210=242$$

为使方案的计算能利用公式，将第 2 年年末(第 3 年年初)作为基期，由 $P=A(P/A,i,n)$ 得
$$(P/A,i,n-2)=P/A=242/40=6.05$$

查复利系数表得
$$(P/A,10\%,9)=5.759\,0$$
$$(P/A,10\%,10)=6.144\,6$$

由线性内插法求得 $n-2=9.7547$，即在投产后 9.7547 年能全部还清借款的本息。

【案例 1-18】某项目第 1~4 年每年投资 50 万元，第 4 年建成投产，年净收益 40 万元，第 5~10 年生产达产后年均净收益为 70 万元。第 11~12 年生产略有下降，年均净收益为 50 万元，当年利率为 8% 时，求现值、终值、第 4 年年末的等值资金。

【解】其现金流量图如图 1-19 所示。

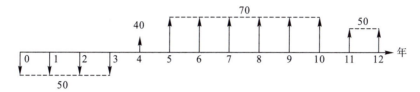

图 1-19 现金流量图（单位：万元）

$$P = -50 + (-50)(P/A, 8\%, 3) + 40(P/F, 8\%, 4) + \\ 70(P/A, 8\%, 6)(P/F, 8\%, 4) + 50(P/A, 8\%, 2)(P/F, 8\%, 10)$$
$$\approx 129.6142(万元)$$
$$F = P(F/P, 8\%, 12) \approx 326.3686(万元)$$
$$F_4 = P(F/P, 8\%, 4) \approx 176.2753(万元)$$

【案例 1-19】某企业准备引进一条生产线，引进此生产线需要花费 150 万元，企业可以有两种付款方式：一种是在签约时一次付清；另一种是签约的时候付 50 万元，生产两年后投入运营，以后从每年的销售额 400 万元中提取 5% 用于还款（第 3 年年末开始），共为期 8 年，年利率为 10%，该企业采取何种付款方式较好？

【解】
$$P_1 = 150$$
$$P_2 = 50 + 20(P/A, 10\%, 8)(P/F, 10\%, 2)$$
$$= 50 + 20 \times 5.335 \times 0.8264 \approx 138.2$$

因此，该企业采取第二种付款方式较好。

学习情景二 技术方案经济效果评价

一、学习情景描述

某投资人现有 5 000 万元可用于项目投资。有两个独立方案可供选择,方案 A、方案 B 各年的现金流量表分别如表 2-1、表 2-2 所示。已知 $i_c=10\%$,$P_{c_A}=6$ 年,$P_{c_B}=8$ 年。试用财务评价指标评价方案的经济可行性并进行方案选择。

表 2-1 方案 A 各年的现金流量表

计算期/年	0	1～15
投资/万元	500	—
年末净收益/万元	—	150

表 2-2 方案 B 各年的现金流量表

计算期/年	0	1	2	3	4	5	6	7
投资/万元	2 000	2 000	—	—	—	—	—	—
销售收入/万元	—	—	1 500	1 500	1 500	1 500	1 500	1 500
经营成本/万元	—	—	100	100	100	100	100	100
净现金流量/万元	−2 000	−2 000	1 400	1 400	1 400	1 400	1 400	1 400

二、学习目标

使学生掌握静态投资回收期、动态投资回收期、财务净现值、财务净年值、财务内部收益率、费用现值、费用年值指标的评价方法,能正确运用财务评价指标对技术方案可行性进行评价;明确方案类型,能正确进行方案比选。

三、获取信息

要完成两个独立方案的比选,我们需要查阅、收集相关资料,掌握财务评价指标的概念、计算公式、判别标准、多方案比选的方法等相关信息。

1. 经济效果评价的内容及指标体系

引导问题 1：技术方案经济效果评价的基本内容有哪些？

___

引导问题 2：技术方案经济效果评价的方法有哪些？

___

引导问题 3：技术方案经济效果评价的指标体系有哪些？

___

2. 静态投资回收期分析

引导问题 4：什么是投资回收期？

___

引导问题 5：对某一特定的现金流量，如何进行静态投资回收期的计算？如何判别方案的可行性？

___

引导问题 6：思考使用静态投资回收期指标进行方案评价的优缺点。

___

引导问题7：某技术方案投资的现金流量表如表2-3所示，计算该技术方案的静态投资回收期。

表2-3 某技术方案投资的现金流量表

年份/年	净现金流量/万元	累计净现金流量/万元
0	−100	−100
1	−40	−140
2	50	−90
3	40	−50
4	40	−10
5	40	30
6	50	80
7	40	120

3. 动态投资回收期分析

引导问题8：某技术方案投资现金流量表的数据如表2-4所示，计算该技术方案的动态投资回收期。$i_c=10\%$，$P_c=8$ 年。

表2-4 各年累计净现金流量和累计折现值

年份/年	净现金流量/万元	折现系数	折现值/万元	累计折现值/万元
0	−100	1.000 0	−100	−100
1	−40	0.909 1	−36.36	−136.36
2	50	0.826 4	41.32	−95.04
3	40	0.751 3	30.05	−64.99
4	40	0.683 0	27.32	−37.67
5	40	0.620 9	24.84	−12.83
6	50	0.564 5	28.23	15.40
7	40	0.513 2	20.53	35.93

引导问题 9：思考使用动态投资回收期指标进行方案评价的优缺点。
_____
_____
_____

4. 财务净现值分析

引导问题 10：什么是财务净现值？
_____
_____
_____

引导问题 11：对某一特定的现金流量，如何进行财务净现值的计算？如何判别方案的可行性？
_____
_____
_____

引导问题 12：如果财务净现值指标计算结果为正值，它的经济学意义是什么？如果某一技术方案按照投资人期望的收益率，计算出财务净现值小于 0，一定说明方案不好吗？思考其经济学意义。
_____
_____
_____

引导问题 13：请思考使用财务净现值指标进行方案评价较使用投资回收期指标进行方案评价，优点体现在哪里？缺点有哪些？
_____
_____
_____

引导问题 14：请根据项目现金流量，计算项目财务净现值，并判别项目的可行性，$i_c=8\%$。

表 2-5 某项目有关数据

年份/年	0	1	2	3	4	5	6	7
净现金流量/万元	-5 000	-3 000	-3 500	3 000	3 500	3 500	3 500	3 500

工程经济

5. 财务净年值分析

引导问题15：什么是财务净年值？

引导问题16：对某一特定的现金流量，如何进行财务净年值的计算？如何判别方案的可行性？

引导问题17：某项目拟投资一批设备扩大生产规模。设备市场价为150万元/台，使用寿命为4年，无残值。每台设备每年可带来的收入为50万元，基准折现率为10%。试用财务净年值指标判别项目是否可行。

6. 财务内部收益率分析

引导问题18：通过对前期指标的学习，我们知道使用财务净现值和财务净年值进行项目评价，虽然简单易行，但必须事先给定一个折现率，而且计算的结果只是说明方案是否达到或超过预期的收益率，并没有求得方案实际达到的投资收益率。财务内部收益率则是这样一个指标，它不需要事先给定折现率，通过计算求出的就是项目实际能达到的收益率。查阅资料，简述财务内部收益率的概念。

引导问题19：如何利用财务内部收益率指标进行项目评价？

引导问题 20：如何确定基准收益率？

引导问题 21：某方案寿命期为 3 年，现金流量图如图 2-1 所示。项目基准收益率 $i_c=8\%$。试计算该项目的财务内部收益率，并判断项目的可行性。

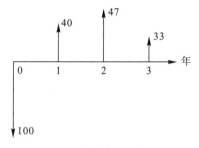

图 2-1　某方案现金流量图

7. 多方案比选（互斥型方案的比选）

引导问题 22：目前，我们学会了如何使用财务评价指标进行单独一个项目的评价。而实际生活中，投资主体往往面临的是多个项目的评价与比选，他们追求的不是一个方案的局部最优，而是项目群的整体最优。因此，投资主体在进行项目群选择时，除考虑每个方案的经济性之外，还必须分析各个方案之间的相互关系。查阅相关资料，按照多方案之间的经济关系，回答可以将多方案分为哪些类型。

引导问题 23：对于计算期相同的互斥方案，可以选用哪些指标进行比选？

工程经济

引导问题 24：请选用合理指标，对以下计算期相同的互斥方案进行比选。

（1）方案 A、B 是互斥方案，其各年的现金流量如表 2-6 所示，方案计算期均为 10 年，当基准收益率为 10% 时，试进行方案选择。

表 2-6　互斥方案 A、B 现金流量　　　　　　　　　单位：万元

方案	初始投资	年净收益
A	500	80
B	300	56

（2）某工厂需购买一台设备，现市场上有两种不同型号、功能相同的设备可供选择，经济数据如表 2-7 所示，单位为万元。若基准收益率为 15%，试对两设备的经济性进行比较。（采用费用现值法。）

表 2-7　设备有关数据　　　　　　　　　单位：万元

设备	价格	年运转费用		第 6 年末残值
		前 3 年	后 3 年	
A	1 000	500	600	400
B	750	600	600	0

引导问题 25：对于计算期不同的互斥方案，可以选用哪些指标进行比选？

引导问题 26：请选用合理指标，对以下计算期不同的互斥方案进行比选。A、B 两个互斥方案各年的现金流量如表 2-8 所示，基准收益率为 10%，请分别用净年值法、最小公倍数法进行方案比选。

表 2-8　A、B 两个互斥方案的有关数据

方案	初始投资/万元	年净现金流量/万元	残值/万元	计算期/年
A	10	3	1.5	6
B	15	4	2	9

8. 多方案比选（独立型方案的比选）

引导问题 27：对于无资源限制的独立方案群，可以选用哪些指标进行比选？完成方案评价。

引导问题 28：完成以下无资源限制的独立方案的比选。

有 2 个无资源限制的独立方案 A、B，其净现金流量如表 2-9 所示，方案寿命期均为 10 年，基准收益率为 10%，试对其经济效果进行评价。

表 2-9　方案 A、B 的净现金流量　　　　　　　　　　单位：万元

方案	初始投资	年净收益
A	500	100
B	500	70

引导问题 29：对于有资源限制的独立方案群，可以采用什么方法进行方案比选？简述具体步骤。

引导问题 30：完成以下有资源限制的独立方案的比选。

工程经济

有3个独立的方案A、B、C，寿命期皆为10年，其有关数据如表2-10所示。基准收益率为8%，投资资金限额为12 000万元，选择最优方案。

表2-10 A、B、C三个方案有关数据

方案	初始投资/万元	年净收益/万元	寿命期/年
A	4 000	600	10
B	6 000	900	10
C	7 000	1 200	10

9. 多方案比选（层混型方案的比选）

引导问题31：如何用财务评价指标进行层混方案的比选，并选出最优方案？

四、任务分组

分组任务：将学生按特定数量分组，以小组为单位，进行任务分工，明确工作任务，填写任务分配表，如表2-11所示。

表2-11 学生任务分配表

班级		组号		指导教师	
姓名	学号	分工任务			

五、问题分析

教师针对各小组获取的信息,对学生理解不全面、不透彻的内容进行讲解,并提出指导性意见,学生重新修改引导问题答案。

六、任务实施

学生小组按照财务评价指标的计算公式以及判别标准,判断项目的经济可行性。按照多方案的比选原则,选出经济上最优的方案,并最终给出决策意见。

选用 P_t、P'_t、NPV、NAV、IRR 进行方案评价。

(1)方案 A:方案 A 现金流量计算表如表 2-12 所示。

表 2-12 方案 A 现金流量计算表

计算期/年	0	1	2	3	4	5	6~15
投资/万元	500	—	—	—	—	—	—
年末净收益/万元	—	150	150	150	150	150	150
净现金流量/万元	−500	150	150	150	150	150	150
折现系数$(1+i_c)^{-t}$	−1.000 0	0.909 1	0.826 4	0.751 3	0.683 0	0.620 9	—
净现金流量的现值/万元	−500	136.37	123.96	112.70	102.45	93.14	—
累计净现金流量的现值/万元	−500	−363.63	−239.67	−126.97	−24.52	68.62	—

① $P_t = 500/150 = 3.33$。

② $P'_t = 5 - 1 + 24.52/93.14 = 4.26$。

③ $NPV_A = -500 + 150(P/A,10\%,15) = -500 + 150 \times 7.606\ 1 = 640.92$。

④ $NAV_A = 150 - 500(A/P,10\%,15) = 150 - 500 \times 0.131\ 5 = 84.25$。

⑤ 令 $NPV = -500 + 150(P/A,IRR,15) = 0$。

$i_1 = 25\%$,$NPV_1 = -500 + 150(P/A,25\%,15) = -500 + 150 \times 3.859\ 3 = 78.90$;

$i_2 = 30\%$,$NPV_2 = -500 + 150(P/A,30\%,15) = -500 + 150 \times 3.268\ 2 = -9.77$。

则 $IRR_A = 25\% + 78.90/(78.90 + 9.77) \times (30\% - 25\%) = 29.45\%$。

⑥ 由于 $P_t < P_c$,$P'_t < P_c$,$NPV_A > 0$,$NAV_A > 0$,$IRR_A > i_c$,因此项目可行。

(2)方案 B:方案 B 现金流量计算表如表 2-13 所示。

表 2-13　方案 B 现金流量计算表

计算期/年	0	1	2	3	4	5	6	7
销售收入/万元	—	—	1 500	1 500	1 500	1 500	1 500	1 500
投资/万元	2 000	2 000	—	—	—	—	—	—
经营成本/万元	—	—	100	100	100	100	100	100
净现金流量/万元	-2 000	-2 000	1 400	1 400	1 400	1 400	1 400	1 400
累计净现金流量/万元	-2 000	-4 000	-2 600	-1 200	200	1 600	3 000	4 400
折现系数$(1+i_c)^{-t}$	1.000 0	0.909 1	0.826 4	0.751 3	0.683 0	0.620 9	0.564 5	0.513 2
净现金流量现值/万元	-2 000	-1 818.2	1 156.96	1 051.82	956.20	869.26	790.30	718.48
累计净现金流量现值/万元	-2 000	-3 818.2	-2 661.24	-1 609.42	-653.22	216.04	1 006.34	1 724.82

①$P_t=4-1+1200/1400=3.86$。

②$P'_t=5-1+653.22/869.26=4.75$。

③$NPV_B=-2\,000-2\,000\times(P/F,10\%,1)+1\,400\times(P/A,10\%,6)\times(P/F,10\%,1)=-2\,000-2\,000\times0.909\,1+1\,400\times4.355\times0.909\,1=1\,724.58$。

④$NAV_B=1\,724.58\times(A/P,10\%,7)=1\,724.58\times0.205\,4=354.23$。

⑤令 $NPV=-2\,000-2\,000\times(P/F,IRR,1)+1\,400\times(P/A,IRR,6)\times(P/F,IRR,1)=0$。

$i_1=20\%$，$NPV_1=-2\,000-2\,000\times(P/F,20\%,1)+1\,400\times(P/A,20\%,6)\times(P/F,20\%,1)=-2\,000-2\,000\times0.833\,3+1\,400\times3.325\,5\times0.833\,3=212.99$；

$i_2=25\%$，$NPV_2=-2\,000-2\,000\times(P/F,25\%,1)+1\,400\times(P/A,25\%,6)\times(P/F,25\%,1)=-2\,000-2\,000\times0.800\,0+1\,400\times2.951\,4\times0.800\,0=-294.43$。

则 $IRR_B=20\%+212.99/(212.99+294.43)\times(25\%-20\%)=22.10\%$。

⑥由于 $P_t<P_c$，$P'_t<P_c$，$NPV_B>0$，$NAV_B>0$，$IRR_B>i_c$，因此项目可行。

通过以上计算，两个独立方案都能通过绝对效果检验，且两个方案的总投资额没有超过投资限额，两个方案在经济上均是可行的。

七、评价反馈

小组组长介绍任务完成情况，进行学生自评、小组互评，结果填写至评价表中，如表 2-14 所示。

表 2-14　学生评价表

班级		姓名		学号	
序号	项目	分值	学生自评打分	小组互评得分	综合得分
1	引导问题填写	60			
2	任务是否按时完成	10			
3	经济学意义理解是否深刻	5			
4	指标计算是否正确	10			
5	评价结果是否准确	5			
6	是否服从指挥，配合其他人员	5			
7	资料上交情况	5			
合计		100			

八、相关知识

(一)经济效果评价的内容及指标体系

工程经济分析的任务，就是要根据所考察工程的预期目标和所拥有的资源条件，分析工程的现金流量情况，选择合适的技术方案，以获得最佳的经济效果。这里的技术方案是广义的，既可以是工程建设中各种技术措施和方案(如工程设计、施工工艺、生产方案设备更新、技术改造、新技术开发、工程材料利用、节能降耗、环境技术、工程安全和防护技术等措施和方案)，也可以是相关企业的发展战略方案(如企业发展规划、生产经营投资、技术发展等关乎企业生存发展的战略方案)。可以说技术方案是工程经济最直接的研究对象，而获得最佳的技术方案经济效果则是工程经济研究的目的。

所谓经济效果评价，就是根据国民经济与社会发展规划以及行业、地区发展规划的要求在拟定的技术方案、财务效益与费用估算的基础上，采用科学的分析方法，对技术方案财务可行性和经济合理性进行分析论证,为选择技术方案提供科学的决策依据。

1. 经济效果评价的基本内容

经济效果评价的内容,应根据技术方案的性质、目标、投资者、财务主体,以及方案对经济与社会的影响程度等具体情况确定,一般包括技术方案的盈利能力、偿债能力、财务生存能力等评价内容。

(1)技术方案的盈利能力。技术方案的盈利能力是指分析和测算拟定技术方案计算期的盈利能力和盈利水平。其主要分析指标包括技术方案财务内部收益率和财务净现值、资本金财务内部收益率、静态投资回收期、总投资收益率和资本金净利润率等,可根据拟定技术方案的特点及经济效果分析的目的和要求等选用。

(2)技术方案的偿债能力。技术方案的偿债能力是指分析和判断方案和企业的偿债能力,重点是财务主体——企业的偿债能力,其主要指标包括利息备付率、偿债备付率和资产负债率等。

(3)技术方案的财务生存能力。财务生存能力分析也称资金平衡分析,是根据拟定技术方案的财务计划现金流量表,通过考察拟定技术方案计算期内各年的投资、融资和经营活动所产生的各项现金流入和流出,计算净现金流量和累计盈余资金,分析技术方案是否有足够的净现金流量维持正常运营,以实现财务可持续性。而财务可持续性应首先体现在有足够的经营净现金流量,这是财务可持续的基本条件;其次在整个运营期间,允许个别年份的净现金流量出现负值,但各年累计盈余资金不应出现负值,这是财务生存的必要条件。若出现负值,应进行短期借款,同时分析该短期借款的时间长短和数额大小,进一步判断拟定技术方案的财务生存能力。短期借款应体现在财务计划现金流量表中,其利息应计入财务费用。为维持技术方案正常运营,还应分析短期借款的可靠性。

对于经营性方案,经济效果评价是从拟定技术方案的角度出发,根据国家现行财政、税收制度和现行市场价格,计算拟定技术方案的投资费用、成本与收入、税金等财务数据,通过编制财务分析报表,计算财务指标,分析拟定技术方案的盈利能力、偿债能力和财务生存能力,据此考察拟定技术方案的财务可行性和财务可接受性,明确拟定技术方案对财务主体及投资者的价值贡献,并得出经济效果评价的结论。投资者可根据拟定技术方案的经济效果评价结论、投资者自身的财务状况和投资者所承担的风险程度,决定拟定技术方案是否应该实施。

对于非经营性方案,经济效果评价应主要分析拟定技术方案的财务生存能力,据此还可提出需要政府补助维持技术方案持续运营的费用。

由于经济效果评价的目的在于确保决策的正确性和科学性,避免或最大限度地降低技术方案的投资风险,明确技术方案投资的经济效果水平,最大限度地提高技术方案投资的综合经济效果，因此，正确选择经济效果评价的方法是十分重要的。

2. 经济效果评价的基本方法

经济效果评价的基本方法包括确定性评价方法与不确定性评价方法两类。对同一个技术方案必须同时进行确定性评价和不确定性评价。

3. 经济效果评价方法的分类

(1) 按评价方法的性质分类。按评价方法的性质不同，经济效果评价分为定量分析和定性分析。

在技术方案经济效果评价中，应坚持定量分析与定性分析相结合，以定量分析为主的原则。

(2) 按评价方法是否考虑时间因素分类。对定量分析，按其是否考虑时间因素又可分为静态分析和动态分析。

静态分析是不考虑资金的时间因素，亦即不考虑时间因素对资金价值的影响，而对技术方案现金流量分别进行直接汇总来计算分析指标的方法。

动态分析是在分析技术方案的经济效果时，对发生在不同时间的现金流量折现后来计算分析指标。在工程经济分析中，由于时间和利率的影响，对技术方案的每一笔现金流量都应该考虑它所发生的时间，以及时间因素对其价值的影响。动态分析能较全面地反映技术方案在整个计算期的经济效果。

在技术方案经济效果评价中，应坚持动态分析与静态分析相结合，以动态分析为主的原则。

(3) 按评价方法是否考虑融资分类。按评价方法是否考虑融资，经济效果分析可分为融资前分析和融资后分析。一般宜先进行融资前分析，在融资前分析结论满足要求的情况下，初步设定融资方案，再进行融资后分析。

融资前分析应考察技术方案整个计算期内的现金流入和现金流出，编制技术方案投资现金流量表，计算技术方案财务内部收益率、财务净现值和静态投资回收期等指标。融资前分析排除了融资方案变化的影响，从技术方案投资总获利能力的角度，考察技术方案设计的合理性，作为技术方案初步投资决策与融资方案研究的依据和基础。融资前分析应以动态分析为主，静态分析为辅。

融资后分析应以融资前分析和初步的融资方案为基础，考察技术方案在拟定融资条件下的盈利能力、偿债能力和财务生存能力，判断技术方案在融资条件下的可行性。融资后分析用于比选融资方案，帮助投资者作出融资决策。融资后的盈利能力分析也应包括动态分析和静态分析。

① 动态分析包括下列两个层次：一是技术方案资本金现金流量分析。分析应在拟定的融资方案下，从技术方案资本金出资者整体的角度，计算技术方案资本金财务内部收益率指标，考察技术方案资本金可获得的收益水平。二是投资各方现金流量分析。

分析应从投资各方实际收入和支出的角度，计算投资各方的财务内部收益率指标，考察投资各方可能获得的收益水平。

②静态分析不采取折现方式处理数据，依据利润与利润分配表计算技术方案资本金净利润率（ROE）和总投资收益率（ROI）指标。

（4）按技术方案评价的时间分类。按技术方案评价的时间，经济效果评价可分为事前评价、事中评价和事后评价。

事前评价，是指在技术方案实施前为决策所进行的评价。显然，事前评价都有一定的预测性，因而也就有一定的不确定性和风险性。

事中评价，亦称跟踪评价，是指在技术方案实施过程中所进行的评价。这是由于在技术方案实施前所作的评价结论及评价所依据的外部条件（市场条件、投资环境等）的变化而需要进行修改，或因事前评价时考虑问题不周、失误，甚至根本未作事前评价，在技术方案实施过程中遇到困难，而不得不反过来重新进行评价，以决定原决策有无全部或局部修改的必要性。

事后评价，亦称后评价，在技术方案实施完成后，总结评价技术方案决策的正确性、技术方案实施过程中项目管理的有效性等。

4. 技术方案的计算期

技术方案的计算期包括建设期和运营期。

建设期是指技术方案从资金正式投入开始到技术方案建成投产为止所需要的时间。通常建设期应根据技术方案实施的内容、工程量大小、技术难易，以及资金保障程度、实施条件和管理组织等多因素综合研究确定。

运营期分为投产期和达产期两个阶段。投产期是指技术方案投入生产，但生产能力尚未完全达到设计能力时的过渡时期；达产期是指生产运营达到设计预期水平后的时间。

运营期一般应根据技术方案主要设施和设备的经济寿命期（或折旧年限）、产品寿命期、主要技术的寿命期等多种因素综合确定。行业有规定时，应遵从其规定。

综上可知，技术方案计算期的长短主要取决于技术方案本身的特性，因此无法对技术方案计算期作出统一规定。计算期不宜定得太长：一方面是因为按照现金流量折现的方法，把后期的净收益折为现值的数值相对较小，很难对经济效果分析结论产生有决定性的影响；另一方面是由于时间越长，预测的数据会越不准确。

计算期较长的技术方案多以年为时间单位。对于计算期较短的技术方案，在较短的时间间隔内（如月、季、半年或其他非日历时间间隔）现金流水平有较大变化，可根据技术方案的具体情况选择合适的计算现金流量的时间单位。

由于折现评价指标受计算时间的影响，对需要比较的技术方案应取相同的计算期。

5. 经济效果评价的指标体系

技术方案的经济效果评价,一方面取决于基础数据的完整性和可靠性;另一方面取决于选取的评价指标体系的合理性,只有选取正确的评价指标体系,经济效果评价的结果才能与客观实际情况相吻合,才具有实际意义。一般来讲,技术方案的经济效果评价指标不是唯一的,在工程经济分析中,常用的经济效果评价指标体系如图2-2所示。

经济效果评价的指标体系

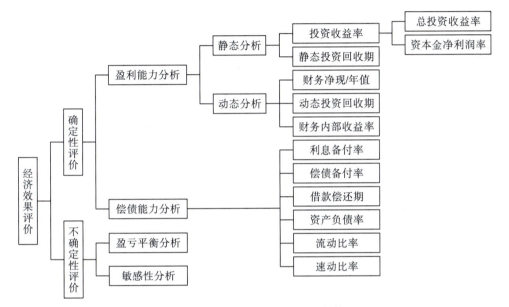

图2-2 常用的经济效果评价指标体系

静态分析指标的最大特点是不考虑时间因素,计算简便。所以在对技术方案进行粗略评价,或对短期投资方案进行评价,或对逐年收益大致相等的技术方案进行评价时,静态分析指标还是可采用的。

动态分析指标强调利用复利方法计算资金时间价值,它将不同时间内资金的流入和流出,换算成同一时点的价值,从而为不同技术方案的经济比较提供了可比基础,并能反映技术方案在未来时期的发展变化情况。

总之,在进行技术方案经济效果评价时,应根据评价深度要求、可获得资料的多少以及评价方案本身所处的条件,选用多个不同的评价指标,这些指标有主有次,从不同侧面反映评价方案的经济效果。

(二)静态投资回收期

1. 概念

投资回收期又称投资返本期,也称投资返本年限,是反映项目或技术方案投资回收速度的重要指标。它是通过项目各年的净收益来回

静态投资回收期

收全部投资所需要的时间。通常以"年"表示。投资回收期一般从投资开始年算起,如果从投产年算起时,应予说明。根据是否考虑资金的时间价值,投资回收期分为静态投资回收期和动态投资回收期。

静态投资回收期,即不考虑资金的时间价值因素的回收期。它是以技术方案各年的净收益回收其全部投资,包括建设投资和流动资金投资,所需要的时间,一般以年为单位。

项目投资的回收过程就是方案现金流的算术累加过程,累计净现金流为"0"时所对应的年份即为静态投资回收期。所以其计算表达式为

$$\sum_{t=0}^{P_t}(C_i-C_o)_t=0 \qquad (2-1)$$

式中:P_t——静态投资回收期,年;

C_i——现金流入量;

C_o——现金流出量;

$(C_i-C_o)_t$——第 t 年的净现金流量。

2. 应用式

(1)当技术方案实施后各年的净收益(即净现金流量)均相同时,静态投资回收期的计算公式为

$$P_t=\frac{I}{A}+建设期 \qquad (2-2)$$

式中:I——全部投资;

A——技术方案每年的净收益,等额净收益或年平均净收益,即 $A=(C_i-C_o)_t$。

【案例 2-1】某建设项目估计总投资为 1 500 万元,项目建成后各年净收益为 250 万元,求该项目的静态投资回收期(从投产年算起,不含建设期)。

【解】
$$P_t=\frac{1\ 500}{250}=6$$

(2)当技术方案实施后各年的净收益(即净现金流量)不相同时,静态投资回收期可根据累计净现金流量求得。也就是在技术方案投资净现金流量表中累计净现金流量由负值变为零的时点。其计算公式为

$$P_t=T-1+\frac{第(T-1)年累计净现金流量的绝对值}{第\ T\ 年净现金流量} \qquad (2-3)$$

式中:T——累计净现金流量出现正值的年份。

【案例 2-2】某项目有关数据如表 2-15 所示,基准投资回收期为 8 年,试计算项目静态投资回收期,并初步判别项目的可行性。

表 2-15 某项目有关数据

项目	年份/年						
	0	1	2	3	4	5	6
总投资/万元	600	400	—	—	—	—	—
收入/万元	—	—	500	600	800	800	750
支出/万元	—	—	200	250	300	350	350

【解】根据表 2-15 中的有关数据计算各年份净现金流量和累计净现金流量,如表 2-16 所示。

表 2-16 某项目净现金流量计算结果

项目	年份/年						
	0	1	2	3	4	5	6
总投资/万元	600	400	—	—	—	—	—
收入/万元	—	—	500	600	800	800	750
支出/万元	—	—	200	250	300	350	350
净现金流量/万元	−600	−400	300	350	500	450	400
累计净现金流量/万元	−600	−1 000	−700	−350	150	600	1 000

由式(2-3)得

$$P_t = 4 - 1 + \frac{|-350|}{500} = 3.7$$

$P_t = 3.7 < P_c = 8$,初步判断项目可行。可结合其他指标作进一步评价。

3. 判别标准

将计算出的静态投资回收期 P_t,与所确定的基准投资回收期 P_c 进行比较。

若 $P_t \leq P_c$,表明技术方案投资能在规定的时间内收回,则技术方案可以考虑接受;

若 $P_t > P_c$,则技术方案是不可行的。

不同的部门或行业,有不同的基准投资回收期标准,投资人也可以有自己的标准。

4. 优劣

(1)优点。静态投资回收期指标容易理解,计算也比较简便,在一定程度上显示了资本的周转速度。显然,资本周转速度愈快,静态投资回收期愈短,风险愈小,技术方案抗风险能力强。

(2)缺点。不足的是,静态投资回收期没有考虑资金的时间价值,没有全面地考虑技术方案整个计算期内现金流量,即只考虑回收之前的效果,不能反映投资回收之后的情况,无法准确衡量技术方案在整个计算期内的经济效果。所以,静态投资回收期作为技术方案选择和技术方案排队的评价准则是不可靠的,它只能作为辅助评价指标,或与其他评价指标结合应用。

(三)动态投资回收期

1. 概念

动态投资回收期是指考虑资金的时间价值,在给定的基准收益率下,用项目各年净收益的现值来回收全部投资的现值所需要的时间。动态投资回收期一般从投资开始年算起,若从项目投产开始年计算,应予以特别注明。其计算表达式为

动态投资回收期

$$\sum_{t=0}^{P'_t}(C_I-C_O)_t(1+i_c)^{-t}=0 \qquad (2-4)$$

式中:P'_t——动态投资回收期;

i_c——基准收益率。

2. 应用式

在实际应用中,根据项目现金流量表中的净现金流量,分别计算其现值,可用下式近似公式计算:

$$P'_t=T-1+\frac{第(T-1)年累计净现金流量现值的绝对值}{第T年净现金流量现值} \qquad (2-5)$$

式中:T——累计净现金流量现值出现正值的年份。

计算步骤:①计算净现金流量;②计算净现金流量现值;③计算累计净现金流量现值;④计算动态投资回收期;⑤评价方案。

3. 判别标准

将计算出的动态投资回收期 P'_t,与所确定的基准投资回收期 P_c 进行比较。

若 $P'_t \leqslant P_c$,表明技术方案投资能在规定的时间内收回,则技术方案可以考虑接受;

若 $P'_t > P_c$,则技术方案是不可行的。

不同的部门或行业,有不同的基准投资回收期标准,投资人也可以有自己的标准。

4. 优劣

(1)优点:经济意义明确,直观;反映项目本身的资金回收能力,投资回收期短,表明项目投资回收快,抗风险能力强。

(2)缺点:与静态投资回收期相比,虽然动态投资回收期考虑了时间价值,但同静态投资回收期一样没有全面地考虑投资方案整个计算期内现金流量,无法准确衡量方案在整个计算期内的经济效果。投资回收期法有利于早期效益高的项目,使具有战略意义的长期项目可能被拒绝。因此,投资回收期通常不能独立判断项目是否可行,一

般作为辅助评价指标来使用。

【案例 2-3】针对【案例 2-2】项目现金流量，如果考虑资金时间价值，基准收益率 $i_c=10\%$。请计算其动态投资回收期。初步判别项目的可行性。

【解】根据有关数据求出各年份的净现金流量折现和累计净现金流量折现，如表 2-17 所示。

表 2-17 某项目将现金流量折现计算结果

项目	年份/年						
	0	1	2	3	4	5	6
总投资/万元	600	400	—	—	—	—	—
收入/万元	—	—	500	600	800	800	750
支出/万元	—	—	200	250	300	350	350
净现金流量/万元	−600	−400	300	350	500	450	400
累计净现金流量/万元	−600	−1 000	−700	−350	150	600	1 000
净现金流量现值/万元	−600	−364	248	263	342	279	229
累计净现金流量现值/万元	−600	−964	−716	−453	−111	168	397

由式（2-5）得

$$P'_t = 5 - 1 + \frac{|-111|}{279} = 4.4$$

$P'_t = 4.4 < P_c = 8$，初步判断项目可行。可结合其他指标作进一步评价。

（四）净现值

1. 概念

净现值（NPV），是指用一个预定的基准收益率（或设定的折现率）i_c，分别把整个计算期间内各年所发生的净现金流量，都折现到技术方案开始实施时的现值之和。也就是折算到计算期期初（第零年）的现值代数和。是反映投资方案在计算期内的盈利能力的动态价值指标。

净现值

2. 净现值的计算

净现值计算公式为

$$\text{NPV} = \sum_{t=0}^{n} (\text{CI} - \text{CO})_t (1+i_c)^{-t} \tag{2-6}$$

式中：NPV —— 净现值；

(CI−CO)$_t$ —— 第 t 年的净现金流量（应注意"＋""−"号）；

i_c —— 基准收益率；

n——方案计算期。

3. 判别标准

净现值是评价技术方案盈利能力的绝对指标。当 NPV＞0 时，说明该技术方案除了满足基准收益率要求的盈利之外，还能得到超额收益的现值，换句话说，技术方案现金流入的现值和大于现金流出的现值和，该技术方案有超额收益的现值，故该技术方案财务上可行；当 NPV＝0 时，说明该技术方案基本能满足基准收益率要求的盈利水平，即技术方案现金流入的现值正好抵偿技术方案现金流出的现值，该技术方案在财务上还是可行的；当 NPV＜0 时，说明该技术方案不能满足基准收益率要求的盈利水平，即技术方案收益的现值不能抵偿支出的现值，该技术方案在财务上不可行。

4. 优劣

(1)优点。考虑了资金的时间价值，并全面考虑了技术方案在整个计算期内现金流量的时间分布的状况；经济意义明确直观，能够直接以货币额表示技术方案的盈利水平；判断直观。

(2)缺点：①需要预先给定折现率，而给定折现率的高低又直接影响净现值的大小。如果折现率定得略高，可行项目就可能被否定；折现率定的低，不合理的项目也可能被接受。因此，运用净现值法，需要对折现率进行客观、准确的估计。②净现值只反映资金的总量使用效果，而不能反映项目投资中单位投资的使用效率。因为一个效益较好的小型项目的净现值，比一个效益不太好的大型项目的净现值可能要小得多。比如，方案甲投资 100 万，方案净现值为 50 万，方案乙投资 10 万元，按同一折现率计算的方案净现值为 20 万，我们可以认为两方案都可行，因为两方案在规定的折现率下都存在超额收益。但是，在资金有限的条件下不能因为方案甲的净现值大于方案乙的净现值，就说方案甲优于方案乙。此时，还应考虑效益费用比，因为甲方案的投资现值为乙方案的 10 倍，而其净现值只有其 2.5 倍，如果建设 10 个乙方案项目，则净现值可达 200 万元，与甲方案投资相同而效益翻两番。③在互斥方案评价时，净现值必须慎重考虑互斥方案的寿命，如果互斥方案寿命不等，必须构造一个相同的研究期，才能进行各个方案之间的比选。

【案例 2-4】某项目净现金流量如表 2-18 所示，设 $i_c=10\%$，试计算该项目的净现值。

表 2-18 某项目净现金流量

年份/年	0	1	2	3	4	5	6	7	8
净现金流量/万元	-230	40	40	40	40	40	40	40	8(净残值)
折现系数	1.0000	0.9091	0.8264	0.7513	0.6830	0.6209	0.5645	0.5132	0.4665

【解】根据净现值计算公式得

$$NPV = -230 + 40 \times (P/A, 10\%, 7) + 8 \times (P/F, 10\%, 8)$$
$$= -230 + 40 \times 4.8684 + 8 \times 0.4665$$
$$= -31.53$$

由于 NPV=－31.53<0，所以该项目在经济上不可行。

（五）净年值

净年值

1. 概念

净年值（NAV），是指按给定的基准折现率，通过等值换算将方案计算期内各个不同时点的净现金流量分摊到计算期内各年的等额年值。

2. 净年值的计算

净年值计算公式为

$$NAV = \sum_{t=0}^{n}(CI-CO)_t(1+i_c)^{-t}(A/P, i_c, n) \qquad (2-7)$$

或

$$NAV = NPV(A/P, i_c, n) \qquad (2-8)$$

式中：NAV——净年值；

(CI－CO)$_t$——第 t 年的净现金流量（应注意"＋""－"号）；

i_c——基准收益率；

n——方案计算期。

3. 判别标准

由于 $(A/P, i_c, n)>0$，根据公式 2-8 可知，当 NPV>0 时 NAV>0；当 NPV<0 时，NAV<0。故净年值与净现值在项目评价的结论上总是一致的。因此，就项目的评价结论而言，净年值与净现值是等效评价指标。即，若某方案 NAV≥0，则该方案在经济上可行，可以考虑接受该项目；NAV<0，则该方案在经济上不可行，可以考虑不接受该方案。

净现值给出的信息是项目在整个寿命期内获取的超出最低期望盈利的超额收益的现值，净年值给出的信息是项目在整个寿命期内每年的等额超额收益。由于信息的含义不同，而且由于在某些决策结构形式下，采用净年值比采用净现值更为简便和易于计算，故净年值指标在经济效果评价指标体系中占有相当重要的地位。

4. 优劣

净年值指标与净现值指标的相同之处是两者都是在给出的基准收益率的基础上进行计算；不同之处在于：净现值把投资过程的现金流量折算为基准期的现值，而净年值则是把该现金流量折算为等额年值。

【案例 2-5】 假设某投资人正在考虑投资一家洗衣店。初期投资为 5 万元，寿命期为 3 年，期末无残值。租金、工资、维护费每年约 11 万元，每年的总收入估计为 20 万元，已知资本的机会成本为 20%。试用净年值指标评价是否应该投资该洗衣店。

【解】【解】NPV $= -5 + 20 \times (P/A, 20\%, 3) - 11 \times (P/A, 20\%, 3)$
$= -5 + (20 - 11) \times (P/A, 20\%, 3)$
$= -5 + 9 \times 2.106 = 13.95$

NAV $=$ NPV$(A/P, 20\%, 3) = 13.954 \times 0.4747 = 6.62$

或：NAV $= -5 \times (A/P, 20\%, 3) - 11 + 20 = 6.62$

因为 NAV $= 6.62 > 0$，所以该方案在经济上是可行的，可以投资该洗衣店。

使用净现值和净年值进行项目评价，虽然简单易行，但必须事先给定一个折现率，而且计算的结果只是说明方案是否达到或超过基本要求的收益率，并没有求得方案实际达到的投资收益率。内部收益率则是这样一个指标，它不需要事先给定折现率，通过计算求出的就是项目实际能达到的收益率。

（六）内部收益率

1. 概念

内部收益率指当工程项目方案在计算期内净现金流量现值累计为零时（即收益现值等于成本现值）的折现率。简单地说，就是净现值为零时的折现率。其代表项目对初始投资的偿还能力或项目对贷款利率的最大承受能力。由于该指标所反映的是工程项目投资所能达到的收益率水平，其大小完全取决于方案本身，因而称为内部收益率。在所有的经济评价指标中，内部收益率是最重要的评价指标之一，它是对项目进行盈利能力分析时采用的主要方法。

2. 内部收益率的计算

内部收益率计算公式为

$$\sum_{t=0}^{n}(CI-CO)_t(1+IRR)^{-t}=0 \qquad (2-9)$$

式中：IRR——内部收益率。

从表达式可以看出，内部收益率的计算是一个一元多次方程的求解过程。精确地计算求出方程的解是一件非常困难的事情。因此在实际应用中，一般采用人工试算线性内插法近似求得内部收益率。

(1) 首先根据经验，选定一个适当的折现率 i_0；

(2) 根据方案的现金流量情况，利用选定的折现率 i_0，求出方案的 NPV；

(3) 若 NPV>0，则适当使 i_0 继续增大；若 NPV<0，则适当使 i_0 继续减小；

(4) 重复步骤(3)，直到找到这样两个折现率 i_1 和 i_2，使它们所对应的净现值 NPV$_1>0$，NPV$_2<0$，其中，$i_2-i_1<5\%$；

(5)采用线性内插法,求出内部收益率的近似解为

$$\text{IRR} = i_1 + \frac{\text{NPV}_1}{\text{NPV}_1 + |\text{NPV}_2|}(i_2 - i_1) \qquad (2-10)$$

如图 2-3 所示为净现值曲线图。

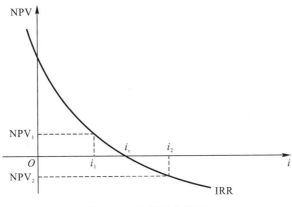

图 2-3 净现值曲线图

3. 判别标准

以内部收益率指标评价建设项目的经济可行性,其评价标准为若方案 $\text{IRR} \geq i_c$,则表明达到了行业或国家的基本经济要求,因而在经济上可行,反之则不可行。

4. 优劣

(1)优点:动态的评价指标,考虑了资金时间价值;考察了整个寿命期的现金流量,能够直接反映项目实际的投资效率;内部收益率的计算不需事先确定基准收益率;其大小完全取决于项目本身的因素,可以比较客观真实地反映方案的经济性,因而其成为评价方案的重要指标。

(2)缺点:计算较烦琐,并且对于非常规项目,净现值方程会出现多解或无解的情形,从而使内部收益率指标失效;只反映占用资金的使用效率,而不能反映其总量使用效果,因此,内部收益率通常与净现值指标一起使用。

【案例 2-6】 已知某方案第一年投资 2000 万元,第一年收益为 300 万元,第二、第三、第四年均获收益 500 万元,第五年收益为 1200 万元,试计算该方案的内部收益率。

【解】 据内部收益率计算公式,该方案的净现值表达式为

$$\text{NPV} = -2\,000 + 300(P/F, i, 1) + 500(P/A, i, 3)(P/F, i, 1) + 1\,200(P/F, i, 5)$$

第一次试算,取 $i_1 = 12\%$ 代入上式得:$\text{NPV}(i_1) = 21.03$ 万元 > 0

第二次试算，取 $i_2=14\%$ 代入上式得：$NPV(i_2)=-91$ 万元<0
内部收益率应在 12% 和 14% 之间，代入公式可得：

$$IRR \approx i_1 + \frac{NPV_1}{NPV_1 + |NPV_2|}(i_2 - i_1)$$

$$= 12\% + \frac{21}{21+91} \times (14\% - 12\%)$$

$$= 12.4\%$$

（七）技术方案类型与评价方法

1. 技术方案类型

技术方案的
方案类型

截至目前，我们学会了如何使用财务评价指标进行单独一个项目的评价。而实际生活中，投资主体往往面临的是多个项目的评价与比选，他们追求的不是一个方案的局部最优，而是项目群的整体最优。因此，投资主体在进行项目群选择时，除考虑每个方案的经济性之外，还必须分析各个方案的相互关系，作出决策。按照多方案的经济关系，可以将多方案分为互斥型方案、独立型方案、层混型方案三种类型。

（1）互斥型方案。

互斥型方案是指各个方案之间存在着互相排斥的关系，在进行比选时，在各个方案中只能选择其中一个，其余的必须被放弃。

（2）独立型方案。

独立型方案是指技术方案间互不干扰、在经济上互不相关的技术方案。其中任一方案的采用与否与其自己的可行性有关，而与其他方案是否采用没有关系。独立型方案的特点是方案之间具有相容性，只要条件允许，就可以任意选择项目群中的有利项目。这些项目可以共存，而且投资、经营成本与收益具有可加性。

（3）层混型方案。

层混型方案是指在一组方案中，方案之间有些具有互斥关系，有些具有独立关系。层混型方案的特点是项目群内项目有 2 个层次，高层次是一组独立型项目，每个独立型项目又由若干互斥型方案实现。

例如，某企业拟上 2 个独立的项目，A 项目扩大生产能力，B 项目改善运输状况。为扩大生产能力，可以采用方案 A_1，A_2，A_3；改善运输状况的方案可采用 B_1，B_2，B_3，B_4。这就是一个层混型投资项目群。

在方案选择前搞清这些方案属于何种类型是至关重要的，因为方案类型不同，其选择、判断的尺度不同，进而选择的结果也不同。

2. 互斥型方案的比选

互斥型方案的比选包含两部分内容：一是考察各个技术方案自身的经济效果，即进行"绝对经济效果检验";二是考察哪个技术方案相对经济效果最优,即"相对经济效果检验"。两种检验的目的和作用不同,通常缺一不可。

互斥型方案的比选应遵循方案间的可比性。为了遵循可比性原则,下面分方案计算期相等、方案计算期不等两种情况来讨论。

1)计算期相等的互斥方案经济效果评价

(1)净现值法(或净年值法)。

净现值法操作步骤分为两步。

①绝对效果检验:分别计算各个方案的 NPV(或 NAV),去除 NPV<0(或 NAV<0)的方案;

②相对效果检验:对所有 NPV≥0(或 NAV≥0)的方案进行比较,选择 NPV(或 NAV)最大的方案为最佳方案。

计算期相等的互斥方案经济效果评价

【案例 2-7】某城市决定建立一套公共汽车运输系统。市政府计划在 10 年后将该运输系统卖给某一股份公司。有 4 种方案可供选择,如表 2-19 所示。市政府要求投资方案的收益率至少达到 15%(不考虑税收和通货膨胀)。

表 2-19　某项目有关数据　　　　　　　　　　　　单位:亿元

方案	初始成本	估计转售价值	年净收益
A	14	12.5	2.4
B	16.3	13.8	2.8
C	19	15.5	3.1
D	22	17.5	3.8

【解】$NPV_A = -14 + 2.4(P/A, 15\%, 10) + 12.5(P/F, 15\%, 10) = 1.14$

$NPV_B = -16.3 + 2.8(P/A, 15\%, 10) + 13.8(P/F, 15\%, 10) = 1.16$

$NPV_C = -19 + 3.1(P/A, 15\%, 10) + 15.5(P/F, 15\%, 10) = 0.39$

$NPV_D = -22 + 3.8(P/A, 15\%, 10) + 17.5(P/F, 15\%, 10) = 1.40$

由于 $NPV_D > NPV_B > NPV_A > NPV_C > 0$,四个方案在经济上都可行。其中,方案 D 最优。

(2)费用现值法(或费用年值法)。

在工程经济分析中,对方案所产生的效益或效果相同(或基本相同),但效果无法或很难用货币直接计量的互斥方案进行比较时,常用费用现值 PC(或费用年值 AC)进行评价。费用现值 PC(或费用年值 AC)较低的方案为优。

【案例 2-8】设折现率为 10%,根据表 2-20 中数据,选择设备。

表 2-20 某项目有关数据

设备型号	初始投资/万元	年运营费/万元	残值/万元	计算/年
A	20	2	3	5
B	30	1	5	5

【解】$PC_A = 20 + 2(P/A, 10\%, 5) - 3(P/F, 10\%, 5) = 25.72$

$PC_B = 30 + 1(P/A, 10\%, 5) - 5(P/F, 10\%, 5) = 30.69$

由于 $PC_A < PC_B$，所以选择 A 设备。

2)计算期不等的互斥方案经济效果评价

现实中很多方案的计算期不相同，而计算期不等的互斥方案在时间上不具备可比性。这时必须对计算期作出某种假定，使计算期不等的互斥方案能在一个共同的计算期基础上进行比较，以保证得到合理的结论。因此，计算期不等的互斥方案的经济效果的比选，关键在于使其比较的基础相一致。通常可以采用年值法(净年值或费用年值)或最小公倍数法进行比较。

(1)年值法(净年值、费用年值)。

在对计算期不等的互斥方案进行比选时，用等值年金，可不考虑计算期的不同，是最为简便的方法，它比净现值、内部收益率在方案评价时更为简便。判别准则即：$NAV_i \geq 0$ 且 $\max(NAV_i)$ 所对应的方案为最优方案，$\min(AC_i)$ 所对应的方案为最优方案(当仅需计算费用时可用)。

【案例 2-9】设互斥方案 A 和 B 的计算期分别为 5 年和 3 年，各自计算期内，其净现金流量如表 2-21 所示，试选择最优方案。已知基准折现率为 12%。

表 2-21 互斥方案 A、B 的净现金流量　　　　　　　　　　单位：万元

方案	计算期					
	第 0 年	第 1 年	第 2 年	第 3 年	第 4 年	第 5 年
A	−300	96	96	96	96	96
B	−100	42	42	42	—	—

【解】$NAV_A = -300 \times (A/P, 12\%, 5) + 96$

$\qquad\quad = -300 \times 0.2774 + 96 = 12.78$

$\quad\;\; NAV_B = -100 \times (A/P, 12\%, 3) + 42$

$\qquad\quad = -100 \times 0.4163 + 42 = 0.37$

由于 $NAV_A > NAV_B > 0$，选择方案 A。

【案例 2-10】互斥方案 A、B 具有相同的产出，方案 A 计算期 $n_1 = 10$ 年，方案 B 计算期 $n_2 = 15$ 年。两方案的费用现金流如表 2-22 所示，基准收益率为 10%，试进行

方案选择。

表 2-22 互斥方案 A、B 有关数据　　　　　　　　　　　　　　单位：万元

方案	第 1 年投资	第 2 年投资	2~10 年费用	11~15 年费用
A	100	100	60	—
B	100	140	40	40

【解】$AC_A = [100 + 100 \times (P/F, 10\%, 1) + 60 \times (P/A, 10\%, 9) \times (P/F, 10\%, 1)] \times (A/P, 10\%, 10) = 82.2$

$AC_B = [100 + 140 \times (P/F, 10\%, 1) + 40 \times (P/A, 10\%, 14) \times (P/F, 10\%, 1)] \times (A/P, 10\%, 15) = 65.1$

由于 AC_A 大于 AC_B，B 方案优于 A 方案，选择 B 方案。

②最小公倍数法（净现值、费用现值法）。最小公倍数法又称方案重复法，是以各备选方案计算期的最小公倍数作为方案比选的共同计算期，并假设各个方案均在这样一个共同的计算期内重复进行，即各备选方案在其计算期结束后，均可按与其原方案计算期内完全相同的现金流量系列周而复始地循环下去直到共同的计算期。在此基础上计算出各个方案的净现值（费用现值），以净现值最大（费用现值最小）的方案为最佳方案。即：$NPV_i \geqslant 0$ 且 $\max(NPV_i)$ 所对应的方案为最优方案；$\min(PC_i)$ 所对应的方案为最优方案（当仅需计算费用时可用）。

【案例 2-11】某项目有两个方案可供选择，各方案现金流量如表 2-23 所示，试选用最优方案，已知基准折现率为 12%。

表 2-23 互斥方案 A、B 有关数据　　　　　　　　　　　　　　单位：万元

方案	投资	年净收益	计算期
A	800	360	6
B	1 200	480	8

【解】由于计算期不等，设定共同的分析期为最小公倍数，6 和 8 的最小公倍数为 24，假设 A 方案重复 4 次，B 方案重复 3 次。

$NPV'_A = -800 - 800 \times (P/F, 12\%, 6) - 800 \times (P/F, 12\%, 12)$
$\qquad - 800 \times (P/F, 12\%, 18) + 360 \times (P/A, 12\%, 24)$
$\qquad = 1\ 287.7$

$NPV'_B = -1\ 200 - 1\ 200 \times (P/F, 12\%, 8) - 1\ 200 \times (P/F, 12\%, 16)$
$\qquad + 480 \times (P/A, 12\%, 24)$
$\qquad = 1\ 856.1$

由于 NPV'_B 大于 NPV'_A，且均大于 0，所以选择 B 方案。

(3)研究期法。

最小公倍数法是假设方案能重复进行,这种假设通常被认为是合理的,但有时并不符合实际情况,因为技术是不断进步的,完全相同的方案不可能反复实施很多次。针对上述问题,一般比较可行的方法是研究期法,通常取计算期最短方案的计算期为研究期。通过比较各个方案在该研究期内的净现值来对方案进行比选,以净现值最大的方案为最佳。

设两方案的计算期分别为 n_1 和 $n_2(n_2 > n_1)$,先将计算期 n_2 的方案现金流量等值计算为年值,再将年值按较小计算期 n_1 换算为现值即可进行比优。其计算式为

$$\text{NPV}_1 = \sum_{t=1}^{n_1} (\text{CI} - \text{CO})_t (P/F, i, t) \qquad (2-11)$$

$$\text{NPV}_2 = \left[\sum_{t=1}^{n_2} (\text{CI} - \text{CO})_t (P/F, i, t) \right] (A/P, i, n_2)(P/A, i, n_1) \qquad (2-12)$$

【案例 2-12】有 A、B 两个方案,方案 A 的初始投资为 900 万元,寿命期为 4 年,每年末净收益为 330 万元;方案 B 的初始投资为 1 400 万元,寿命期为 8 年,每年末净收益为 400 万元。两方案均无残值,基准收益率为 12%,试用研究期法进行方案选优。

【解】$\text{NPV}_A = -900 + 330(P/A, 12\%, 4) = 102.31$

$\text{NPV}_B = [-1\ 400(A/P, 12\%, 8) + 400](P/A, 12\%, 4) = 359.02$

由于 $\text{NPV}_B > \text{NPV}_A$,所以选择 B 方案。

3. 独立型方案的比选

(1)无资源限制的独立方案评价。

如果独立方案之间共享的资源(通常为资金)足够多(没有限制),则任何一个方案只要是可行的(经济上可接受的),就可采纳并实施。

独立方案的采用与否,只取决于方案自身的经济性,即只需检验它们是否能够通过净现值、净年值或内部收益率指标的评价标准。因此,多个独立方案与单一方案的评价方法是相同的。不论采用净现值、净年值还是内部收益率(无资金限制时)中的哪一个,评价结论都是一样的。即,当方案 NPV$\geqslant$0,NAV$\geqslant$0,IRR$\geqslant i_c$,方案在经济上可行,否则,方案不可行。

【案例 2-13】两个无资源限制的独立方案 A、B 的基础数据如表 2-24 所示,基准收益率为 10%,试对两个方案的经济效果进行评价。

表 2-24 方案 A、B 有关数据 单位:万元

方案	年份		
	第 0 年	第 1~8 年	第 8 年(净残值)
A	-100	40	8
B	-120	45	9

【解】分别计算 A、B 方案的净现值：

$NPV_A = -100 + 40 \times (P/A, 10\%, 8) + 8 \times (P/F, 10\%, 8) = 117.1$

$NPV_B = -120 + 45 \times (P/A, 10\%, 8) + 9 \times (P/F, 10\%, 8) = 124.3$

由于 $NPV_A > 0$，$NPV_B > 0$，所以 A 方案和 B 方案均可行。

(2) 有资源限制的独立方案评价。

如果独立方案之间共享的资源是有限的，不能满足所有方案的需要，则在这种不超出资源限额的条件下，独立方案的选择可用方案组合法。

有资源限制的独立方案评价

方案组合法的原理：列出独立方案所有可能的组合，每个组合形成一个组合方案（其现金流量为被组合方案现金流量的叠加），由于是所有可能的组合，则最终的选择只可能是其中一种组合方案，因此所有可能的组合方案形成互斥关系，可按互斥方案的比较方法确定最优的组合方案，最优的组合方案即为独立方案的最佳选择。具体步骤如下：

①列出独立方案的所有可能组合，形成若干个新的组合方案（其中包括 0 方案，其投资为 0，收益也为 0），则所有可能的组合方案（包括 0 方案）形成互斥组合方案（m 个独立方案则有 2^m 个组合方案）；

②每个组合方案的现金流量为被组合的各独立方案的现金流量的叠加；

③将所有的组合方案按初始投资额从小到大的顺序排列；

④排除总投资额超过投资资金限额的组合方案；

⑤对所剩的所有组合方案按互斥方案的比较方法确定最优的组合方案；

⑥最优组合方案所包含的独立方案即为该组独立方案的最佳选择。

【案例 2-14】某企业 4 个相互独立的投资方案，资金预算限额是 6000 万元，基准折现率为 10%，各方案数据见表 2-25，应该如何决策？

表 2-25 某企业独立投资方案有关数据　　　　　　　　单位：万元

方案	初始投资	净现值
A	2 100	180
B	2 400	200
C	1 800	120
D	2 000	150

【解】首先，找出全部可能的互斥组合方案，共有 $2^4 - 1 = 15$ 个方案，将它们的有关数据列入表 2-26 中。

表 2-26　互斥组合方案的评价结果　　　　　　　　　　　　单位：万元

组合方案序号	方案 A	方案 B	方案 C	方案 D	初始投资	净现值	投资限额约束
1	*				2 100	180	√
2		*			2 400	200	√
3			*		1 800	120	√
4				*	2 000	150	√
5	*	*			4 500	380	√
6	*		*		3 900	300	√
7	*			*	4 100	330	√
8		*	*		4 200	320	√
9		*		*	4 400	350	√
10			*	*	3 800	270	√
11	*	*	*		6 300	500	×
12	*	*		*	6 500	530	×
13	*		*	*	5 900	450	√
14		*	*	*	6 200	470	×
15	*	*	*	*	8 300	650	×

从表 2-26 可见，第 11、12、14、15 号组合方案的投资总额超过了 6 000 万元资金约束，应予淘汰。在剩下的 11 个组合方案中，第 13 号组合方案的净现值最大，为最优方案。即最后应选择方案 A、C、D，其投资总额为 5 900 万元，净现值为 450 万元。

4. 层混型方案的评价选优

在实际工作中经常会遇到层混型方案的选择，层混型方案的选择与独立型方案的选择一样，可以分为资金无约束和资金有约束两类。如果资金无约束，只要从各独立项目中选择互斥型方案中净现值（或净年值）最大的方案加以组合即可。当资金有约束时，选择方法比较复杂，一般使用层混型方案群的互斥组合法。

【案例 2-15】有两个独立项目，各项目又有 2 个互斥方案可供选择，具体数据如表 2-27 所示。设定资金限额为 450 万元，$i_c = 10\%$，计算期为 5 年，试选择最优的投资组合方案。

表 2-27　项目有关数据　　　　　　　　　　　　　　　　　　　　　单位：万元

项目	方案	初始投资	年净收益
项目一	A_1	240	80
	A_2	320	100
项目二	B_1	180	60
	B_2	140	50

【解】

表 2-28　项目有关数据计算表　　　　　　　　　　　　　　　　　　单位：万元

序号	组合方案	初始投资	年净收益	净现值	投资限额约束
1	A_1	240	80	$-240+80(P/A,10\%,5)$ $=63.26$	√
2	A_2	320	100	59.08	√
3	B_1	180	60	47.45	√
4	B_2	140	50	49.54	√
5	A_1+B_1	240+180=420	80+60=140	$-420+140\times(P/A,10\%,5)$ $=110.71$	√
6	A_1+B_2	240+140=380	80+50=130	112.80	√
7	A_2+B_1	320+180=500	100+60=160	106.53	×
8	A_2+B_2	320+140=460	100+50=150	108.62	×

由于序号 6，A1+B2 组合净现值最大，是最优组合方案，故最优的选择是 A1 和 B2 组合。

学习情景三
技术方案不确定性分析

一、学习情景描述

某公司生产某种结构件，设计年产销量为 3 万件，每件的售价为 300 元，单位产品的可变成本为 100 元，单位产品营业中税金及附加为 40 元，年固定成本为 280 万元。

问题：

(1) 该公司不亏不盈时的最低年产销量是多少？

(2) 达到设计能力时盈利是多少？

(3) 年利润为 130 万元时的年产销量是多少？

二、学习目标

使学生了解不确定性因素产生的原因、不确定性分析的内容；掌握盈亏平衡分析的基本原理及方法；掌握敏感性分析的内容、单因素敏感性分析的方法；能正确运用盈亏平衡分析的基本模型进行项目分析；能正确运用单因素敏感性分析的方法对投资方案作敏感性分析。

三、获取信息

要完成不确定性分析，我们需要查阅、收集相关资料，了解不确定性因素产生的原因，不确定性分析的内容，盈亏平衡分析的基本原理及方法，敏感性分析的内容，单因素敏感性分析的方法等相关信息。

1. 不确定性分析

引导问题 1：不确定性因素产生的原因有哪些？

_____

_____

_____

引导问题 2：不确定性分析的内容有什么？
___
___
___

引导问题 3：不确定性分析的方法有哪些？
___
___
___

2. 盈亏平衡分析

引导问题 4：用计算式表示技术方案总成本与产量的关系，并说明字母所表达的含义。
___
___
___

引导问题 5：用计算式表示技术方案的销售收入与销量的关系，并说明字母所表达的含义。
___
___
___

引导问题 6：用计算式表示技术方案的量本利模型。
___
___
___

引导问题 7：什么是盈亏平衡点？
___
___
___

引导问题 8：什么是生产能力利用率表示的盈亏平衡点？

引导问题 9：如何用盈亏平衡点判断技术方案对市场变化的适应能力和抗风险能力？

引导问题 10：某技术方案年设计生产能力为 10 万台，年固定成本为 800 万元，产品单台销售价格为 600 元，单台产品可变成本为 300 元，单台产品营业中税金及附加为 100 元。试求盈亏平衡点的产销量。

引导问题 11：数据同引导问题 10，试计算生产能力利用率表示的盈亏平衡点。

3. 敏感性分析

引导问题 12：简述技术方案敏感性分析的内容。

引导问题 13：什么是单因素敏感性分析？

引导问题 14：什么是多因素敏感性分析？

引导问题 15：简述单因素敏感性分析的步骤。

引导问题 16：设某投资方案的初始投资为 3 000 万元，年净收益为 480 万元，寿命期为 10 年，基准收益率为 10%，期末残值为 200 万元。试对主要参数，即初始投资、年净收益、寿命期和基准收益率单独变化时的净现值进行单因素敏感性分析。

四、任务分组

分组任务：将学生按特定数量分组，以小组为单位，进行任务分工，明确工作任务，填写任务分配表，如表 3-1 所示。

表 3-1 学生任务分配表

班级		组号		指导教师	
姓名	学号		分工任务		

工程经济

五、问题分析

教师针对各小组获取的信息，对学生理解不全面、不透彻的内容进行讲解，并提出指导性意见，学生重新修改引导问题答案。

六、任务实施

学生小组按照盈亏平衡分析基本原理，计算技术方案以产销量表示的盈亏平衡点，当产销量低于盈亏平衡点时，该技术方案亏损；当产销量大于盈亏平衡点时，该技术方案盈利。计算技术方案达到设计能力时的盈利。计算年利润为某一数值时的年产销量。通过盈亏平衡分析从市场适应性方面说明技术方案风险的大小，给投资者一定的风险提示。

（1）计算该公司不亏不盈时的最低年产销量。根据以产销量表示的盈亏平衡点公式 $BEP(Q)=C_F/(p-C_u-T_u)$ 可得

$$BEP(Q)=2\,800\,000/(300-100-40)=17\,500$$

计算结果表明，当公司生产结构件产销量低于 17 500 件时，公司亏损；当公司产销量大于 17 500 时，公司盈利。

（2）计算达到设计能力时的盈利。根据公式 $B=p\times Q-C_u\times Q-C_F-T_u\times Q$ 可得该公司的利润：

$$B=300\times 3-100\times 3-280-40\times 3=200$$

（3）计算年利润为 130 万元时的年产销量。根据公式 $B=p\times Q-C_u\times Q-C_F-T_u\times Q$ 可得

$$Q=(B+C_F)/(p-C_u-T_u)=(1\,300\,000+2\,800\,000)/(300-100-40)=25\,625$$

七、评价反馈

小组组长介绍任务完成情况，进行学生自评，小组互评，结果填写至评价表中，如表 3-2 所示。

表 3-2　学生评价表

班级		姓名		学号	
序号	项目	分值	学生自评打分	小组互评得分	综合得分
1	引导问题填写	60			
2	任务是否按时完成	10			
3	经济学意义理解是否深刻	5			
4	指标计算是否正确	10			
5	评价结果是否准确	5			
6	是否服从指挥，配合其他人员	5			
7	资料上交情况	5			
合计		100			

八、相关知识

(一)不确定性分析

不确定性是与确定性相对的一个概念，不确定性分析是技术方案经济效果评价中的一个重要内容。因为决策的主要依据之一是技术方案经济效果评价，而技术方案经济效果评价都是以一些确定的数据和参数为基础的，如技术方案总投资、建设期、年销售收入、年经营成本、年利率和设备残值等数据或参数，认为它们都是已知的、确定的，即使对某个数据或参数所作的估计或预测，也认为是可靠、有效的。

但事实上，对技术方案经济效果的评价通常都是对技术方案未来经济效果的计算，一个拟实施技术方案的所有未来结果都是未知的。因为计算中所使用的数据和参数大都是建立在分析人员对未来各种情况所作的预测与判断基础之上的，因此，不论用什么方法预测或估计，都会包含有许多不确定性因素，可以说不确定性是所有技术方案固有的内在特性。只是对不同的技术方案，这种不确定性的程度有大有小。为了尽量避免决策失误，我们需要了解各种内外部条件发生变化时对技术方案经济效果的影响程度,需要了解技术方案对各种内外部条件变化的承受能力。

不确定性分析是指研究和分析当影响技术方案经济效果的各项主要因素发生变化时拟实施技术方案的经济效果会发生什么样的变化,以便为正确决策服务的一项工作。不确定性分析是技术方案经济效果评价中一项重要工作,在拟实施技术方案未作出最终决策之前,均应进行技术方案不确定性分析。

1. 不确定性因素产生的原因

(1)信息的不完全性与不充分性。

(2)人的有限理性等。

(3)市场供求变化的影响。

(4)技术变化的影响。

(5)经济环境变化的影响。

(6)社会、政策、法律、文化等方面的影响。

(7)自然条件和资源方面的影响等。

2. 不确定性分析的内容

为了有效地减少不确定性因素对技术方案经济效果的影响,提高技术方案的风险防范能力,进而提高技术方案决策的科学性和可靠性,应根据拟实施技术方案的具体情况,分析各种内外部条件发生变化或者测算数据误差对技术方案经济效果的影响程度,估计技术方案可能承担不确定性的风险及其承受能力,确定技术方案在经济上的可靠性,并采取相应的对策力争取把风险降低到最低限度。这种对影响方案经济效果的不确定性因素进行的分析,就是不确定性分析。

3. 不确定性分析的方法

常用的不确定性分析方法有盈亏平衡分析和敏感性分析。

(二)盈亏平衡分析

1. 概念

盈亏平衡分析

盈亏平衡分析也称量本利分析,就是将技术方案投产后的产销量作为不确定因素,通过计算技术方案的盈亏平衡点的产销量,据此分析判断不确定性因素对技术方案经济效果的影响程度,说明技术方案实施的风险大小及技术方案承担风险的能力,为决策提供科学依据。根据生产成本及销售收入与产销量之间是否呈线性关系,盈亏平衡分析又可进一步分为线性盈亏平衡分析和非线性盈亏平衡分析。这里我们重点介绍线性盈亏平衡分析。

对于某一个技术方案,随着产销量的变化,盈利与亏损之间一般至少有一个转折点,我们称这种转折点为盈亏平衡点(BEP)。在盈亏平衡点上,销售收入与成本费用相等,既不亏损也不盈利。盈亏平衡分析就是要找出技术方案的盈亏平衡点,帮投资者找到一个界限,产销量若低于一定"界限"将无利可得,甚至要亏损。产销量若高于这个值,才有盈利。

2. 技术方案的总成本与固定成本、可变成本

技术方案总成本是固定成本与可变成本之和。

(1)固定成本。固定成本是指在技术方案一定的产量范围内不受产品产量影响的成本,即不随产品产量的增减发生变化的各项成本费用,如工资及福利费(计件工资除外)、折旧费、修理费、无形资产及其他资产摊销费、其他费用等。

(2)可变成本。可变成本是随技术方案产品产量的增减而呈正比例变化的各项成本,如原材料、燃料、动力费、包装费和计件工资等。

技术方案总成本与产品产量的关系也可以近似地认为是线性关系,即

$$C = C_F + C_u \times Q \tag{3-1}$$

式中:C ——总成本;

C_F ——固定成本;

C_u ——单位产品变动成本;

Q ——产量(或工程量)。

3. 技术方案的销售收入与营业中税金及附加

假定技术方案的生产销售活动不会明显地影响市场供求状况,若其他市场条件不变,产品销售价格不会随该技术方案的销量的变化而变化,可以看作一个常数,即销售收入与销量呈线性关系。

由于单位产品的营业中税金及附加是随产品的销售单价变化而变化的,为便于分析将销售收入与营业中税金及附加合并考虑。

经简化后,技术方案的销售收入是销量的线性函数,即

$$S = p \times Q - T_u \times Q \tag{3-2}$$

式中:S ——销售收入;

p ——单位产品售价;

T_u ——单位产品营业中税金及附加(当投入产出都按不含税价格时,T_u 不包括增值税);

Q ——销量(或工程量)。

4. 量本利模型

企业的经营活动,通常以生产数量为起点,而以利润为目标。在一定期间把成本总额分解简化成固定成本和变动成本两部分后,再同时考虑收入和利润,使成本、产销量和利润的关系统一于一个数学模型。这个数学模型的表达形式为

$$B = S - C \tag{3-3}$$

式中:B——利润。

为简化数学模型，对线性盈亏平衡分析作了如下假设：

(1) 生产量等于销售量，即当年生产的产品（或提供的服务，下同）扣除自用量，当年完全销售出去。

(2) 产销量变化，单位可变成本不变，总成本费用是产销量的线性函数。

(3) 产销量变化，销售单价不变，销售收入是产销量的线性函数。

(4) 只生产单一产品；或者生产多种产品，但可以换算为单一产品计算，不同产品的生产负荷率的变化应保持一致。

将销售收入、总成本表达式代入量本利模型，得

$$B = p \times Q - C_u \times Q - C_F - T_u \times Q \tag{3-4}$$

式中：Q——产销量（即生产量等于销售量）。

上式明确表达了量本利之间的数量关系，是基本的损益方程式。它含有相互联系的6个变量，给定其中5个，便可求出另一个变量的值。将这一数量关系绘入直角坐标系中，即成为基本的量本利图，如图3-1所示。

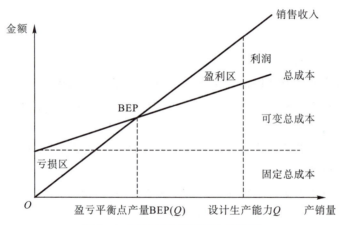

图3-1 盈亏平衡分析量本利模型

图3-1中，横坐标为产销量，纵坐标为金额（成本和销售收入）。假定在一定时期内，产品价格不变时，销售收入S随产销量的增加而增加，呈线性函数关系，在图形上就是以零为起点的斜线。产品总成本C是固定总成本和变动总成本之和，当单位产品的变动成本不变时，总成本也呈线性变化。

销售收入线与总成本线的交点是技术方案盈利与亏损的转折点，即盈亏平衡点(BEP)，也叫保本点。表明技术方案在此产销量下总收入与总成本相等，既没有利润，也不发生亏损。在此基础上，增加产销量，销售收入超过总成本，收入线与成本线之间的距离为利润值，形成盈利区；反之，形成亏损区。这种表达量本利相互关系的图示也称盈亏平衡分析图。

技术方案盈亏平衡点的表达形式有多种。可以用绝对值表示，如以实物产销量、

单位产品售价、单位产品的可变成本、年固定总成本，以及年销售收入等表示的盈亏平衡点；也可以用相对值表示，如以生产能力利用率表示的盈亏平衡点。其中以产销量和生产能力利用率表示的盈亏平衡点应用最为广泛，其分析结果表示技术方案经营的安全程度。

技术方案盈亏平衡点的计算

(1)以产销量(工程量)表示的盈亏平衡点。以产销量(工程量)表示的盈亏平衡点的计算，一般从销售收入等于总成本费用即盈亏平衡方程式中导出。由利润 $B=0$，即可导出以产销量表示的盈亏平衡点 $BEP(Q)$，其计算式为

$$BEP(Q)=C_F/(p-C_u-T_u) \qquad (3-5)$$

式中：$BEP(Q)$——盈亏平衡点时的产销量。

(2)以生产能力利用率表示的盈亏平衡点。生产能力利用率表示的盈亏平衡点 $BEP(\%)$，是指盈亏平衡点产销量占技术方案正常产销量的比重。所谓正常产销量，是指正常市场和正常开工情况下，技术方案的产销数量。在技术方案评价中，一般用设计生产能力表示正常产销量。

$$BEP(\%)= BEP(Q)/Q_d \times 100\%$$

式中：Q_d——正常产销量或技术方案设计生产能力。

进行技术方案评价时，生产能力利用率表示的盈亏平衡点常常根据正常年份的产品产销量、变动成本、固定成本、产品价格和营业中税金及附加等数据来计算，即

$$BEP(\%)=C_F/(S_n-C_v-T)\times 100\% \qquad (3-6)$$

式中：$BEP(\%)$——盈亏平衡点时的生产能力利用率；

S_n——年营业收入；

C_v——年可变成本；

T——年营业中税金及附加。

【案例 3-1】某设计方案年产量为 10 万吨，已知每吨产品的销售价格为 675 元，每吨产品缴付的营业中税金及附加为 90 元，单位可变成本为 200 元，年固定成本费用为 1 000 万元，试求用年产量表示的盈亏平衡点、盈亏平衡点的生产能力利用率、盈亏平衡点的产品售价。

【解】$BEP(Q)=C_F/(p-C_u-T_u)=1\ 000/(675-200-90)=2.60$

$BEP(\%)=BEP(Q)/Q_d\times 100\%=2.60/10\times 100\%=26.0\%$

$BEP(p)=C_F/Q+C_u+T_u=1\ 000/10+200+90=390$

【案例 3-2】某建材厂生产 15 m 预应力钢筋混凝土 T 形梁，设计年生产能力为 7 200 件，每件售价 5 000 元，该厂固定成本为 680 万元，单位产品变动成本为 2 500 元，单位产品营业中税金及附加为 667 元。试考察产量、售价、单位产品变动成本、固定成本对工厂盈亏的影响。计算当产销量达到设计生产能力时，工厂所获得的利润。

【解】(1)当盈亏平衡时，产量为

$BEP(Q)=C_F/(p-C_u-T_u)=6\ 800\ 000/(5\ 000-2\ 500-667)=3\ 710$

(2)当盈亏平衡时,生产能力利用率为

$$\mathrm{BEP}(\%)=\mathrm{BEP}(Q)/Q_d\times100\%=3\ 710/7\ 200\times100\%=51.53\%$$

(3)当盈亏平衡时,产品销售价格为

$$\mathrm{BEP}(p)=C_F/Q+C_u+T_u=6\ 800\ 000/7\ 200+2\ 500+667=4\ 111$$

(4)由利润 $B=0$,即可导出以单位产品变动成本表示的盈亏平衡点 $\mathrm{BEP}(C_u)$,其计算式为

$$\mathrm{BEP}(C_u)=p-C_F/Q-T_u$$

当盈亏平衡时,单位产品变动成本为

$$\mathrm{BEP}(C_u)=p-C_F/Q-T_u=5\ 000-6\ 800\ 000/7\ 200-667=3\ 388$$

(5)由利润 $B=0$,即可导出以固定成本表示的盈亏平衡点 $\mathrm{BEP}(C_F)$,其计算式为

$$\mathrm{BEP}(C_F)=p\times Q-C_u\times Q-T_u\times Q$$

当盈亏平衡时,固定成本为

$$\begin{aligned}\mathrm{BEP}(C_F)&=p\times Q-C_u\times Q-T_u\times Q\\&=(5\ 000-2\ 500-667)\times7\ 200\\&=13\ 197\ 600\end{aligned}$$

(6)当产销量达到设计生产能力时,其他条件不变,工厂所能获得的利润为

$$\begin{aligned}B&=p\times Q-C_u\times Q-C_F-T_u\times Q\\&=(5\ 000-2\ 500-667)\times7\ 200-6\ 800\ 000\\&=6\ 397\ 600\end{aligned}$$

(7)结果判别:如果未来的产品销售价格、生产成本与预期值相同,项目不发生亏损的条件是年销售量不低于 3 710 件,生产能力利用率不低于 51.53%;如果能按设计生产能力进行生产和销售,生产成本与预期值相同,则不发生亏损的条件是产品售价不低于 4 111 元/件;如果销售量、产品售价及固定成本与预期值相同,则不发生亏损的条件是单位产品变动成本不高于 3 388 元;如果销售量、产品售价及单位变动成本与预期值相同,则不发生亏损的条件是固定成本不高于 13 197 600 元。

盈亏平衡点反映了技术方案对市场变化的适应能力和抗风险能力。盈亏平衡点越低,达到此点的盈亏平衡产销量就越少,技术方案投产后盈利的可能性越大,适应市场变化的能力越强,抗风险能力也越强。

盈亏平衡分析虽然能够从市场适应性方面说明技术方案风险的大小,但并不能揭示产生技术方案风险的根源。因此,还需采用其他方法来帮助达到这个目标。

5. 多方案比较时的优劣盈亏平衡分析

盈亏平衡分析不仅可以在独立方案中使用,也可以在两个以上方案的优劣比较和分析中使用。多方案盈亏平衡分析是盈亏平衡分析方法的延伸,它是将同时影响各方案经济效果指标的共有的不确定因素作为自变量,将各方案的经济效果指标作为因变量,建立各方案经济

多方案比较时的优劣盈亏平衡分析

效果指标与不确定因素之间的函数关系。即如果两个或两个以上的方案，其成本都是同一函数的变量时，便可以找到该变量的某一数值，使两个对比方案的成本相同，该变量的这一特定值，叫作方案的优劣平衡点。

设一组互斥方案，其成本函数决定于同一个共同变量 x，以共同的变量建立每个方案的成本费用函数方程为

$$C_i = f_i(x) + a_i \quad (i=1, 2, 3, \cdots, n) \tag{3-7}$$

式中：C_i——i 方案的成本费用；

n——方案数；

a_i——常量。

由于各方案的经济效果函数的斜率不同，所以各函数曲线必然会发生交叉，即在不确定因素的不同取值区间内，各方案的经济效果指标高低的排序不同，由此来确定方案的取舍。

即令 $C_i = C_{i+1}$，求出交叉点——优劣平衡点 x_0，并根据不同的区域判断方案的优劣。多方案比较时的优劣盈亏平衡分析图如图 3-2 所示。

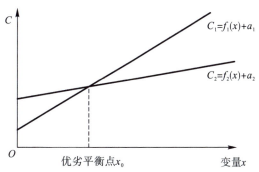

图 3-2　多方案比较时的优劣盈亏平衡分析图

当变量 $x > x_0$ 时，选择方案 2；当变量 $x < x_0$ 时，选择方案 1；当变量 $x = x_0$ 时，两个方案的经济效果相当。

【案例 3-3】某施工队承接一挖土工程，可以采用两个施工方案：一个是人工挖土，单价为 10 元/立方米；另一个是机械挖土，单价为 8 元/立方米，但需机械的购置费是 20 000 元。试问这两个方案的适用情况如何？（要求绘图说明）

【解】设两个方案应需完成的挖土工程量为 Q，则人工挖土方案成本函数为 $C_1 = 10Q$，机械挖土方案成本函数为 $C_2 = 8Q + 20\,000$。

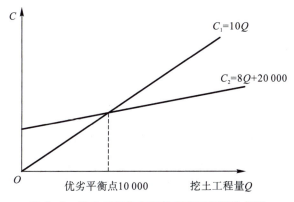

图 3-3　挖土工程多方案优劣盈亏平衡分析图

令 $C_1 = C_2$；得 $Q_0 = 10\,000$ 立方米，故当 $Q > 10\,000$ 立方米时，采用机械挖土合算；当 $Q < 10\,000$ 立方米时，采用人工挖土合算。

(三) 敏感性分析

在技术方案经济效果评价中，各类因素的变化对经济指标的影响程度是不相同的。有些因素可能仅发生较小幅度的变化就能引起经济效果评价指标发生大的变动；而另一些因素即使发生了较大幅度的变化，对经济效果评价指标的影响也不是太大。我们将前一类因素称为敏感性因素，后一类因素称为非敏感性因素。

1. 敏感性分析的内容

技术方案评价中的敏感性分析，就是在技术方案确定性分析的基础上，通过进一步分析、预测技术方案主要不确定因素的变化对技术方案经济效果评价指标（如内部收益率、净现值等）的影响，从中找出敏感因素，确定评价指标对该因素的敏感程度和技术方案对其变化的承受能力。敏感性分析有单因素敏感性分析和多因素敏感性分析两种。

单因素敏感性分析是对单一不确定因素变化对技术方案经济效果的影响进行分析，即假设各个不确定性因素之间相互独立，每次只考察一个因素变动，其他因素保持不变，来分析这个可变因素对经济效果评价指标的影响程度和敏感程度。为了找出关键的敏感性因素，通常只进行单因素敏感性分析。

多因素敏感性分析是假设两个或两个以上互相独立的不确定因素同时变化时，分析这些变化的因素对经济效果评价指标的影响程度和敏感程度。

2. 单因素敏感性分析的步骤

（1）确定敏感性分析的指标。如净现值、净年值、内部收益率、投资回收期等。分析指标的确定，一般是根据技术方案的特点、不同的研究阶段、实际需求情况和指标的重要程度来选择，与进行分析的目标和任务有关。

单因素敏感性分析的步骤

由于敏感性分析是在确定性经济分析的基础上进行的，一般而言，敏感性分析的指标应与确定性经济评价指标一致，不应超出确定性经济评价指标范围而另立新的分析指标。

（2）选择需要分析的不确定性因素。影响技术方案经济效果评价指标的不确定性因素很多，但事实上没有必要对所有的不确定因素都进行敏感性分析，而只需选择一些主要的影响因素。在选择需要分析的不确定性因素时主要考虑以下两条原则：第一，预计这些因素在其可能变动的范围内对经济效果评价指标的影响较大；第二，对在确定性经济效果分析中采用该因素的数据的准确性把握不大。

对于一般技术方案来说，通常从以下几方面选择敏感性分析中的影响因素。

①从收益方面来看，主要包括产销量与销售价格、汇率。许多产品，其生产和销售受国内外市场供求关系变化的影响较大，市场供求难以预测，价格波动也较大，而这种变化不是技术方案本身所能控制的，因此产销量与销售价格、汇率是主要的不确定性因素。

②从费用方面来看，包括成本（特别是与人工费、原材料、燃料、动力费及技术水平有关的变动成本）、建设投资、流动资金占用、折现率、汇率等。

③从时间方面来看，包括技术方案建设期、生产期，生产期又可考虑投产期和正常生产期。

(3)分析每个不确定性因素的波动程度及其对分析指标可能带来的增减变化情况。

首先，对所选定的不确定性因素，应根据实际情况设定这些因素的变动幅度，其他因素固定不变。因素的变化可以按照一定的变化幅度（如±5%、±10%、±20%等）改变它的数值。

其次，计算不确定性因素每次变动对经济效果评价指标的影响。

对每一个因素的每一次变动，均重复以上计算，然后，把因素变动及相应指标变动结果用敏感性分析表和敏感性分析图的形式表示出来，以便于测定敏感因素。

(4)找出敏感性因素。敏感性分析的目的在于寻求敏感因素，这可以通过计算敏感度系数和临界点来判断。

①敏感度系数（S_{AF}）。敏感度系数计算公式为

$$S_{AF} = (\Delta A/A)/(\Delta F/F) \tag{3-8}$$

式中：S_{AF}——评价指标 A 对于不确定性因素 F 的敏感度系数；

$\Delta F/F$——不确定性因素 F 的变化率，%；

$\Delta A/A$——不确定性因素 F 发生变化时，评价指标 A 的相应变化率，%。

通过计算敏感度系数来判别敏感因素的方法是一种相对测定法，即根据不同因素相对变化对技术方案经济效果评价指标影响的大小，可以得到各个因素的敏感性程度排序。

$S_{AF} > 0$，表示评价指标与不确定因素同方向变化；$S_{AF} < 0$，表示评价指标与不确定因素反方向变化。

$|S_{AF}|$越大，表明评价指标 A 对于不确定因素 F 越敏感；反之，则越不敏感。据此可以找出哪些因素是最关键的因素。

敏感度系数提供了各不确定因素变动率与评价指标变动率之间的比例，但不能直接显示变化后评价指标的值。为了弥补这种不足，有时需要编制敏感性分析表，列示各因素变动率及相应的评价指标值，如表3-3所示。

表 3-3 单因素敏感性分析表

项目	变化幅度						
	−20%	−10%	0	10%	20%	平均+1%	平均−1%
投资额							
产品价格							
经营成本							
…							

敏感性分析表的缺点是不能连续表示变量之间的关系，为此人们又设计了敏感分析图，如下图 3-4 所示。图中横轴代表各不确定性因素变动的百分比，纵轴代表评价指标（以净现值为例）。根据原来的评价指标值和不确定因素变动后的评价指标值，画出直线。这条直线反映不确定因素不同变化水平时所对应的评价指标值。每一条直线的斜率反映技术方案经济效果评价指标对该不确定因素的敏感程度，斜率越大敏感度越高。

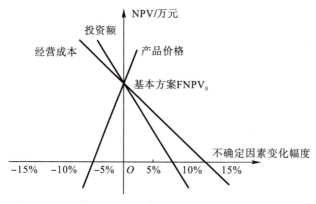

图 3-4 单因素敏感性分析示意图

②临界点。临界点是指技术方案允许不确定因素向不利方向变化的极限值（图 3-5）。超过极限，技术方案的经济效果指标将不可行。例如当产品价格下降到某一值时，净现值等于 0，此点称为产品价格下降的临界点。临界点可用临界点百分比或者临界值分别表示，某一变量的变化达到一定的百分比或者一定数值时，技术方案的经济效果指标将从可行转变为不可行。临界点可用专用软件的财务函数计算，也可由敏感性分析图直接求得近似值。采用图解法时，每条直线与判断基准线的相交点所对应的横坐标上不确定因素变化率即为该因素的临界点。

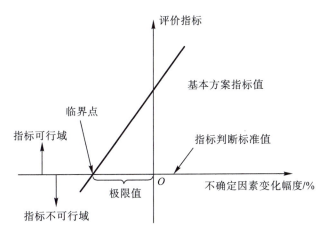

图 3-5 单因素敏感性分析临界点示意图

利用临界点判别敏感因素的方法是一种绝对测定法,技术方案能否接受的判据是各经济效果评价指标能否达到临界值。在一定指标判断标准下,对若干不确定性因素中,临界点越低,说明该因素对技术方案经济效果指标影响越大,技术方案对该因素就越敏感。把临界点与未来实际可能发生的变化幅度相比较,就可大致分析该技术方案的风险情况。

在实践中常常把敏感度系数和临界点两种方法结合起来确定敏感因素。

(5)选择方案。如果进行敏感性分析的目的是对不同的技术方案进行选择,一般应选择敏感程度小、承受风险能力强、可靠性大的技术方案。

需要说明的是,单因素敏感性分析虽然对于技术方案分析中不确定因素的处理是一种简便易行、具有实用价值的方法,但它以假定其他因素不变为前提,这种假定条件,在实际经济活动中是很难实现的,因为各种因素的变动都存在着相关性,一个因素的变动往往引起其他因素也随之变动。比如产品价格的变化可能引起需求量的变化,从而引起市场销售量的变化。所以,在分析技术方案经济效果受多种因素同时变化的影响时,要用多因素敏感性分析,使之更接近于实际过程。多因素敏感性分析由于要考虑可能发生的各种因素不同变动情况的多种组合,因此计算起来要比单因素敏感性分析复杂得多。

【案例3-4】某投资方案设计年生产能力为10万台,计划项目投产时总投资为1 200万元,预计产品价格为39元/台,销售税金及附加为销售收入的10%,年经营成本为140万元,方案寿命期为10年,到期时预计固定资产余值为50万元,基准折现率为10%,试就投资额、单位产品价格、经营成本等影响因素对该投资方案进行敏感性分析。

【解】所绘制的现金流量图如图3-6所示。

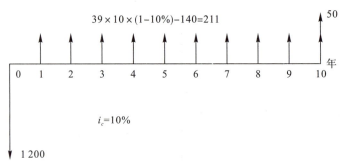

图 3-6 现金流量图

选择净现值作为敏感性分析的对象,根据净现值的计算公式,可计算出项目在初始条件下的净现值。

$$NPV_0 = -1200 + [39 \times 10 \times (1-10\%) - 140] \times (P/A, 10\%, 10) + 50 \times (P/F, 10\%, 10)$$
$$= -1200 + 211 \times 6.1446 + 50 \times 0.3855 = 115.79$$

由于该项目确定性分析的结果 $NPV_0 > 0$,初步评价该项目是可行的,在经济效果上可以接受。

下面来对项目进行敏感性分析。

确定三个因素:投资额、产品价格和经营成本,然后令其逐一在初始值的基础上按±10%、±20%的变化幅度变动。分别计算相对应的净现值的变化情况,如表3-4及图3-7所示。

由表3-4和图3-7可以看出,在各个变量因素变化率相同的情况下,产品价格每下降1%,净现值下降18.63%,且产品价格下降幅度超过5.37%时,净现值将由正变负,项目将由可行变为不可行;投资额每增加1%,净现值将下降10.36%,且当投资额增加幅度超过9.65%时,净现值将由正变负,项目将由可行变为不可行;经营成本每上升1%,净现值将下降7.43%,且当经营成本上升幅度超过13.46%时,净现值将由正变负,项目将由可行变为不可行。由此可见,按净现值对各因素的敏感程度所作的排序依次为产品价格、投资额、经营成本,其中最敏感的因素是产品价格。因此,从方案决策的角度出发,应对产品价格进行进一步的测算,因为从项目风险的角度来讲,如果未来产品价格发生变化的可能性较大,则意味着这一项目的风险亦较大。

表 3-4 单因素变化对净现值(NPV)的影响　　　　　　　　　　单位:万元

项目	变化幅度					平均+1%	平均−1%
	−20%	−10%	0	10%	20%		
投资额	355.79	235.79	115.79	−4.21	−124.21	−10.36%	10.36%
产品价格	−315.57	−99.89	115.79	331.46	547.14	18.63%	−18.63%
经营成本	287.83	201.81	115.79	29.76	−56.26	−7.43%	7.43%

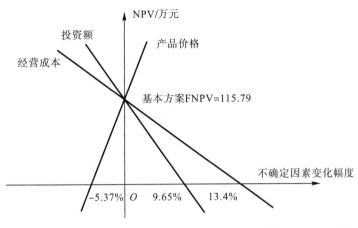

图 3-7 单因素敏感性分析图

3. 敏感性分析的局限性

敏感性分析在一定程度上对不确定因素的变动对技术方案经济效果的影响作了定量的描述，有助于搞清技术方案对不确定因素的不利变动所能容许的风险程度，有助于鉴别何者是敏感因素，从而能够及早排除对那些无足轻重的变动因素的注意力，把进一步深入调查研究的重点集中在那些敏感因素上，或者针对敏感因素制订管理和应变对策，以达到尽量减少风险、增加决策可靠性的目的。但敏感性分析也有其局限性，它主要依靠分析人员凭借主观经验来分析判断，难免存在片面性。在技术方案的计算期内，各不确定性因素相应发生变动幅度的概率不会相同，这意味着技术方案承受风险的大小不同。而敏感性分析在分析某一因素的变动时，并不能说明不确定因素发生变动的可能性是大还是小。对于此类问题，还要借助于概率分析等方法。

学习情景四
技术方案现金流量表

一、学习情景描述

某拟建工业项目的有关基础数据如下:

(1)项目建设期2年,运营期6年,建设投资2 000万元,预计全部形成固定资产。

(2)项目资金来源为自有资金和贷款。建设期内,每年均衡投入自有资金和贷款本金各500万元,贷款年利率为6%。流动资金全部用项目资本金支付,金额为300万元,于投产当年投入。

(3)固定资产使用年限为8年,采用直线法折旧,残值为100万元。

(4)项目贷款在运营期间按照等额还本、利息照付的方法偿还。

(5)项目投产第1年的营业收入和经营成本分别为700万元和250万元,第2年的营业收入和经营成本分别为900万元和300万元,以后各年的营业收入和经营成本分别为1 000万元和320万元。不考虑项目维持运营投资、补贴收入。

(6)企业所得税率为25%,营业税金及附加税率为6%。

问题:

(1)列式计算建设期贷款利息、固定资产年折旧费和计算期第8年的固定资产余值。

(2)计算各年还本、付息额及总成本费用,并编制借款还本付息计划表和总成本费用估算表。

二、学习目标

使学生掌握现金流量表的构成,掌握建设期利息的计算方法,掌握折旧的计算方法;能够正确填写技术方案现金流量表,解决实际问题。

三、获取信息

要完成现金流量相关表格的填写,计算相关费用,我们需要查阅、收集相关资料,了解现金流量表的构成、建设期利息的计算、折旧的计算等相关信息。

学习情景四 技术方案现金流量表

1. 技术方案现金流量表

引导问题 1：技术方案现金流量表由_____、_____和_____构成。

引导问题 2：技术方案现金流量表具体内容随技术方案经济效果评价的角度、范围和方法不同而不同，其中主要有_____、_____、_____和_____。

2. 技术方案现金流量表的构成要素

引导问题 3：_____是指技术方案实施后各年销售产品或提供服务所获得的收入。

引导问题 4：_____是指技术方案按拟定建设规模（分期实施的技术方案为分期建设规模）、产品方案、建设内容进行建设所需的投入。

引导问题 5：在技术方案建成后按有关规定建设投资中的各分项将分别形成_____、_____和_____。

引导问题 6：_____是指筹措债务资金时在建设期内发生并按规定允许在投产后计入固定资产原值的利息，即资本化利息。

引导问题 7：建设期利息包括_____和_____的利息，以及其他融资费用。

引导问题 8：其他融资费用是指某些债务融资中发生的_____、_____、管理费、信贷保险费等融资费用，一般情况下应将其单独计算并计入建设期利息。

引导问题 9：某人欲投资一建材厂，建设期为 3 年，在建设期第 1 年借款 300 万元，第 2 年借款 400 万元，第 3 年借款 300 万元，每年借款平均支用，年利率为 5.6%。假定没有其他融资费用。(1) 计算建设期第 1 年的借款利息；(2) 计算建设期第 2 年的借款利息；(3) 计算建设期第 3 年的借款利息；(4) 计算生产期第 1 年年初累计借款本利和。

_____

_____

_____

引导问题 10：_____是指技术方案运营期内长期占用并周转使用的营运资金，不包括运营中需要备的临时性营运资金。

工程经济

引导问题11：流动资产的构成要素一般包括_____、_____、_____和_____；流动负债的构成要素一般只考虑应付账款和预收账款。

引导问题12：总成本费用是指在一定时期（技术方案评价中般指一年）为生产和销售产品或提供服务所发生的全部费用。在技术方案运营期内，各年的总成本费用按生产要素构成为，总成本费用＝_____。

引导问题13：经营成本是从技术方案本身考察的，在一定期间（通常为一年）内由于生产和销售产品及提供服务而实际发生的现金支出。

经营成本＝_____

或　经营成本＝_____

引导问题14：技术方案经济效果评价涉及的税费主要包括哪些内容？

_____

_____

_____

四、任务分组

分组任务：将学生按特定数量分组，以小组为单位，进行任务分工，明确工作任务，填写任务分配表，如表4-1所示。

表4-1　学生任务分配表

班级		组号		指导教师	
姓名	学号	分工任务			

五、问题分析

教师针对各小组获取的信息，对学生理解不全面、不透彻的内容进行讲解，并提出指导性意见，学生重新修改引导问题答案。

六、任务实施

各小组按照现金流量表的填写方法，计算建设期借款利息、折旧费，将年经营成本、年折旧费、长期借款利息填入总成本费用估算表，计算得出运营期各年总成本费用。

(1) 计算建设期贷款利息、固定资产年折旧费和计算期第 8 年的固定资产余值。

① 计算建设期借款利息：

第 1 年贷款利息 $=500/2\times 6\% =15.00$

第 2 年贷款利息 $=[(500+15)+500/2]\times 6\% =45.90$

建设期借款利息 $=15+45.90=60.90$

② 计算固定资产年折旧费：

固定资产年折旧费 $=(2\,000+60.90-100)/8=245.11$

③ 计算计算期第 8 年的固定资产余值：

计算期第 8 年的固定资产余值 $=$ 固定资产年折旧费 $\times(8-6)+$ 残值 $=245.11\times 2+100=590.22$

(2) 计算各年还本、付息额及总成本费用，并编制借款还本付息计划表和总成本费用估算表，分别如表 4-2 和表 4-3 所示。

表 4-2 借款还本付息计划表　　　　　　　　　　　单位：万元

项目		计算期/年							
		1	2	3	4	5	6	7	8
期初借款余额		—	515.00	1 060.90	884.08	707.26	530.44	353.62	176.80
当期还本付息		—	—	240.47	229.86	219.26	208.65	198.04	187.41
期中	还本	—	—	176.82	176.82	176.82	176.82	176.82	176.80
	付息	—	—	63.65	53.04	42.44	31.83	21.22	10.61
期末借款余额		515.00	1 060.90	884.08	707.26	530.44	353.62	176.80	—

工程经济

表 4-3 总成本费用估算表　　　　　单位：万元

序号	项目	计算期/年					
		3	4	5	6	7	8
1	年经营成本	250.00	300.00	320.00	320.00	320.00	320.00
2	年折旧费	245.11	245.11	245.11	245.11	245.11	245.11
3	长期借款利息	63.65	53.04	42.44	31.83	21.22	10.61
4	总成本费用	558.76	598.15	607.55	596.94	586.33	575.72

七、评价反馈

小组组长介绍任务完成情况，进行学生自评，小组互评，结果填写至评价表中，如表 4-4 所示。

表 4-4 学生评价表

班级		姓名		学号	
序号	项目	分值	学生自评打分	小组互评得分	综合得分
1	引导问题填写	60			
2	任务是否按时完成	10			
3	经济学意义理解是否深刻	5			
4	指标计算是否正确	10			
5	评价结果是否准确	5			
6	是否服从指挥，配合其他人员	5			
7	资料上交情况	5			
合计		100			

八、相关知识

技术方案主要是通过经济效果评价来分析判断技术方案的经济性，而技术方案的经济效果评价又主要是通过相应现金流量表来实现的。随着经济效果评价的主体和考察的角度不同，评价分析的系统范围也不同，相应的现金流入和现金流出同样也不尽相同。

(一)技术方案现金流量表

技术方案现金流量表由现金流入、现金流出和净现金流量构成，其具体内容随技术方案经济效果评价的角度、范围和方法不同而不同，其中主要有投资现金流量表、资本金现金流量表、投资各方现金流量表和财务计划现金流量表。

1. 投资现金流量表

投资现金流量表是以技术方案为一独立系统进行设置的。它以技术方案建设所需的总投资作为计算基础，反映技术方案在整个计算期(包括建设期和生产运营期)内现金的流入、流出和净现金流量，是计算评价指标的基础。投资现金流量表如表 4-5 所示。

表 4-5 投资现金流量表

序号	项目	合计	计算期					
			1	2	3	4	…	n
1	现金流入							
1.1	营业收入							
1.2	补贴收入							
1.3	销项税额							
1.4	回收固定资产余值							
1.5	回收流动资金							
2	现金流出							
2.1	建设投资							
2.2	流动资金							
2.3	经营成本							
2.4	进项税额							
2.5	应纳增值税							
2.6	营业中税金及附加							
2.7	维持运营投资							
3	所得税前净现金流量							
4	累计税前净现金流量							

续表

序号	项目	合计	计算期					
			1	2	3	4	…	n
5	调整所得税							
6	所得税后净现金流量							
7	累计所得税后净现金流量							

计算指标：　　　　　　所得税前：　　　　　　所得税后：
投资内部收益率/%：
投资净现值($i_c=$　　%)：
投资回收期：

通过投资现金流量表中净现金流量，可计算技术方案的内部收益率、净现值和静态投资回收期等经济效果评价指标，并可考察技术方案融资前的盈利能力，为各个方案进行比较建立共同的基础。

2. 资本金现金流量表

资本金现金流量表是在拟定融资方案后，从技术方案权益投资者整体（即项目法人）角度出发，以技术方案资本金作为计算的基础，把借款本金偿还和利息支付作为现金流出，用以计算资本金内部收益率，反映在一定融资方案下投资者权益投资的获利能力，用以比选融资方案，为投资者作出投资决策、融资决策提供依据。资本金现金流量表如表4-6所示。

表4-6　资本金现金流量表

序号	项目	合计	计算期					
			1	2	3	4	…	n
1	现金流入							
1.1	营业收入							
1.2	补贴收入							
1.3	销项税额							
1.4	回收固定资产余值							
1.5	回收流动资金							
2	现金流出							
2.1	技术方案资本金							
2.2	借款本金偿还							
2.3	借款利息支付							
2.4	经营成本							

续表

序号	项目	合计	计算期					
			1	2	3	4	…	n
2.5	进项税额							
2.6	应纳增值税							
2.7	营业中税金及附加							
2.8	所得税							
2.9	维持运营投资							
3	净现金流量							

计算指标：

资本金内部收益率/%：

技术方案资本金现金流量分析是融资后分析，该净现金流量包括了技术方案在缴税和还本付息之后所剩余的收益(含投资者应分得的利润)，这既是技术方案的净收益，也是投资者的权益性收益。一般可以只计算技术方案资本金内部收益率一个指标，其表达式和计算方法同技术方案投资内部收益率，只是所依据的净现金流量的内涵不同，判断的基准参数(基准收益率)也不同。

技术方案资本金基准收益率应体现技术方案发起人(代表技术方案所有权益投资者)对投资获利的最低期望值(即最低可接受收益率)。当技术方案资本金内部收益率大于或等于该最低可接受收益率时，说明在该融资方案下，技术方案资本金获利水平超过或达到了要求，该融资方案是可以接受的。

3. 投资各方现金流量表

投资各方现金流量表是分别从技术方案各个投资者的角度出发，以投资者的出资额作为计算的基础，用以计算技术方案投资各方内部收益率。投资各方现金流量表如表4-7所示。

表4-7 投资各方现金流量表

序号	项目	合计	计算期					
			1	2	3	4	…	n
1	现金流入							
1.1	实分利润							
1.2	资产处置收益分配							
1.3	租赁费收入							
1.4	技术转让或使用收入							
1.5	销项税额							

续表

序号	项目	合计	计算期					
			1	2	3	4	…	n
1.6	其他现金流入							
2	现金流出							
2.1	实缴资本							
2.2	租赁资产支出							
2.3	进项税额							
2.4	应纳增值税							
2.5	其他现金流出							
3	净现金流量							

计算指标：

投资各方内部收益率/％：

注：本表可按不同投资方分别编制。

(1)投资各方现金流量表既适用于内资企业，也适用于外资企业；既适用于合资企业，也适用于合作企业。

(2)投资各方现金流量表中现金流入是指出资方因该技术方案的实施将实际获得的各种收入；现金流出是指出资方因该技术方案的实施将实际投入的各种支出。表中科目应根据技术方案具体情况调整。

①实分利润是指投资者由技术方案获取的利润。

②资产处置收益分配是指对有明确的合营期限或合资期限的技术方案，在期满时对资产余值按股比或约定比例的分配。

③租赁费收入是指出资方将自己的资产租赁给技术方案使用所获得的收入，此时应将资产价值作为现金流出，列为租赁资产支出科目。

④技术转让或使用收入是指出资方将专利或专有技术转让或允许该技术方案使用所获得的收入。

一般情况下，技术方案投资各方按股本比例分配利润和分担亏损及风险，因此投资各方的利益一般是均等的，没有必要计算投资各方的内部收益率。只有技术方案投资者中各方有股权之外的不对等的利益分配时(契约式的合作企业常常会有这种情况)，投资各方的收益率才会有差异，此时常常需要计算投资各方的内部收益，以看出各方收益是否均衡，或者其非均衡性是否在一个合理的水平，有助于促成技术方案投资各方在合作谈判中达成平等互利的协议。

4. 财务计划现金流量表

财务计划现金流量表反映技术方案计算期各年的投资、融资及经营活动所产生的现金流入和流出，用于计算净现金流量和累计盈余资金，考察资金平衡和余缺情况，分析技术方案的财务生存能力，即分析技术方案是否能为企业创造足够的净现金流量维持正常运营，进而考察实现财务可持续性的能力。财务计划现金流量表如表 4-8 所示。

表 4-8　财务计划现金流量表

序号	项目	合计	计算期					
			1	2	3	4	…	n
1	经营活动净现金流量							
1.1	现金流入							
1.1.1	营业收入							
1.1.2	增值税销项税额							
1.1.3	补贴收入							
1.1.4	其他流入							
1.2	现金流出							
1.2.1	经营成本							
1.2.2	增值税进项税额							
1.2.3	营业中税金及附加							
1.2.4	增值税							
1.2.5	所得税							
1.2.6	其他流出							
2	投资活动净现金流量							
2.1	现金流入							
2.2	现金流出							
2.2.1	建设投资							
2.2.2	维持运营投资							
2.2.3	流动资金							
2.2.4	其他流出							
3	筹资活动净现金流量							
3.1	现金流入							
3.1.1	技术方案资本金投入							
3.1.2	建设投资借款							
3.1.3	流动资金借款							
3.1.4	债券							
3.1.5	短期借款							
3.1.6	其他流入							
3.2	现金流出							
3.2.1	各种利息支出							

续表

序号	项目	合计	计算期					
			1	2	3	4	…	n
3.2.2	偿还债务本金							
3.2.3	应付利润（股利分配）							
3.2.4	其他流出							
4	净现金流量							
5	累计盈余资金							

拥有足够的经营净现金流量是技术方案财务上可持续的基本条件，特别是在技术方案运营初期，因为技术方案运营期前期的还本付息负担较重，故应特别注意技术方案运营期前期的财务生存能力分析。如果技术方案拟安排的还款期过短，致使还本付息负担过重，导致为维持资金平衡必须筹借的短期借款过多，可以设法调整还款期，甚至寻求更有利的融资方案，减轻各年还款负担。所以技术方案财务生存能力分析应结合偿债能力分析进行。

技术方案财务生存能力还与利润分配的合理性有关，利润分配过多、过快都有可能导致技术方案累计盈余资金出现负值。出现这种情况时，应调整技术方案利润分配方案。

（二）技术方案现金流量表的构成要素

在工程经济分析中，经济效果评价指标起着重要的作用，而经济效果评价的主要指标实际上又是通过技术方案现金流量表计算导出的。从投资现金流量表、资本金现金流量表、投资各方现金流量表和财务计划现金流量表这四个表可知，必须在明确考察角度和系统范围的前提下正确区分现金流入与现金流出，对于一般性技术方案经济效果评价来说，营业收入、投资、经营成本和税金等经济量本身既是经济指标，又是导出其他经济效果评价指标的依据，所以它们是构成技术方案现金流量的基本要素，也是进行工程经济分析最重要的基础数据。

技术方案现金流量表的构成要素

1. 营业收入

（1）营业收入。营业收入是指技术方案实施后各年销售产品或提供服务所获得的收入，即营业收入＝产品销售量（或服务量）×产品单价（或服务单价）。

主副产品（或不同等级产品）的销售收入应全部计入营业收入，所提供的不同类型服务收入也应同时计入营业收入。营业收入是现金流量表中现金流入的主体，也是利润表的主要科目。营业收入是经济效果分析的重要数据，其估算的准确性极大地影响着技术方案经济效果的评价。因此，营业收入的计算既需要在正确估计各年生产能力利用率（或称生产负荷或开工率）基础之上的年产品销售量（或服务量），也需要合理确定产品（或服务）的价格。

①产品年销售量（或服务量）的确定。在技术方案营业收入估算中，应首先根据市场需求预测技术方案产品（或服务量）的市场份额，进而合理确定企业的生产规模，再根据企业的设计生产能力和各年的运营负荷确定年产量（服务量）。为计算简便，假定年生产量即为年销售量，不考虑库存，即当期的产出（扣除自用量后）当期全部销售，也就是当期产品产量等于当期销售量。但须注意年销售量应按投产期与达产期分别测算。

②产品（或服务）价格的选择。经济效果分析采用以市场价格体系为基础的预测价格，有要求时可考虑价格变动因素。因此，在选择产品（或服务）的价格时，要分析所采用的价格基点、价格体系、价格预测方法，特别应对采用价格的合理性进行说明。

③生产多种产品和提供多项服务的营业收入计算。对生产多种产品和提供多项服务的，应分别计算各种产品及服务的营业收入。对不便于按详细的品种分类计算营业收入的，可采取折算为标准产品（或服务）的方法计算营业收入。

（2）补贴收入。补贴收入是企业从政府或某些国际组织得到的补贴，一般是企业履行了一定的义务后，得到的定额补贴。某些经营性的公益事业、基础设施技术方案，如城市轨道交通项目、垃圾处理项目、污水处理项目等，政府在项目运营期给予一定数额的财政补助，以维持正常运营，使投资者能获得合理的投资收益。对这类技术方案应按有关规定估算企业可能得到与收益相关的政府补助（与资产相关的政府补助不在此处核算，与资产相关的政府补助是指企业取得的、用于购建或以其他方式形成长期资产的政府补助），包括先征后返的增值税，按销量或工作量等依据国家规定的补助定额计算并按期给予的定额补贴，以及属于财政扶持而给予的其他形式的补贴等，应按相关规定合理估算，记作补贴收入。

补贴收入同营业收入一样，应列入技术方案投资现金流量表、资本金现金流量表和财务计划现金流量表。以上补贴收入，应根据财政、税务部门的规定，分别计入或不计入应税收入。

2. 投资

投资是投资主体为了特定的目的，以达到预期收益的价值垫付行为。技术方案经济效果评价中的总投资是建设投资、建设期利息和流动资金之和。

（1）建设投资。建设投资是指技术方案按拟定建设规模（分期实施的技术方案为分期建设规模）、产品方案、建设内容进行建设所需的投入。在技术方案建成后按有关规定建设投资中的各分项将分别形成固定资产、无形资产和其他资产。形成的固定资产原值可用于计算折旧费，技术方案寿命期结束时，固定资产的残余价值（一般指当时市场上可实现的预测价值）对于投资者来说是一项在期末可回收的现金流入。形成的无形资产和其他资产原值可用于计算摊销费。

工程经济

(2)建设期利息。在建设投资分年计划的基础上可设定初步融资方案，对采用债务融资的技术方案应估算建设期利息。建设期利息是指筹措债务资金时在建设期内发生并按规定允许在投产后计入固定资产原值的利息，即资本化利息。

建设期利息包括银行借款和其他债务资金的利息，以及其他融资费用。其他融资费用是指某些债务融资中发生的手续费、承诺费、管理费、信贷保险费等融资费用，一般情况下应将其单独计算并计入建设期利息。

分期建成投产的技术方案，应按各期投产时间分别停止借款费用的资本化，此后发生的借款利息应计入总成本费用。

建设期借款利息的计算公式为

$$I_t = \left(P_{t-1} + \frac{1}{2}A_t\right) \times i \qquad (4-1)$$

式中：P_{t-1}——第 $t-1$ 年年末借款本金和利息累计额；

A_t——当年借款额；

i——建设期借款利率。

【案例 4-1】假设某项目建设期为 3 年，第 1 年借款本金为 500 万元，第 2 年 400 万元，第 3 年 600 万元，利率为 8%，假定没有其他融资费用，计算建设期借款利息。

【解】根据借款期利息的计算公式可得

第 1 年利息=1/2×500×8%=20

第 2 年利息=[(500+20)+1/2×400]×8%=57.6

第 3 年利息=[(500+400+20+57.6)+1/2×600]×8%=102.21

借款利息累计=20+57.6+102.21=179.81

所以，第 3 年年末借款本息累计为 1679.81 万元。

(3)流动资金。流动资金系指技术方案运营期内长期占用并周转使用的营运资金，不包括运营中需要的临时性营运资金。

流动资金的估算基础是营业收入、经营成本和商业信用等，因此，流动资金估算应在营业收入和经营成本估算之后进行。它是流动资产与流动负债的差额。流动资产的构成要素一般包括存货、库存现金、应收账款和预付账款；流动负债的构成要素一般只考虑应付账款和预收账款。

投产第一年所需的流动资金应在技术方案投产前安排，为了简化计算，技术方案经济效果评价中流动资金可从投产第一年开始安排。在技术方案寿命期结束时，投入的流动资金应予以回收。

(4)技术方案资本金。

①技术方案资本金的特点。技术方案资本金(即技术方案权益资金)是指在技术方案总投资中，由投资者认缴的出资额，对技术方案来说是非债务性资金，技术方案权益投资者整体(即项目法人)不承担这部分资金的任何利息和债务，投资者可按其出资

的比例依法享有所有者权益，也可转让其出资，但一般不得以任何方式抽回。

资本金是确定技术方案产权关系的依据，也是技术方案获得债务资金的信用基础，因为技术方案的资本金后于负债受偿，可以降低债权人债权回收风险。资本金没有固定的按期还本付息压力；股利是否支付和支付多少，视技术方案投产运营后的实际经营效果而定。因此，项目法人的财务负担较小。

技术方案资本金主要强调的是作为技术方案实体而不是企业所注册的资金。注册资金是指企业实体在工商行政管理部门登记认缴的注册资金，通常指营业执照登记的资金总额，即会计上的"实收资本"或"股本"，是企业投资者按比例投入的资金。在我国，注册资金又称为企业资本金。因此，技术方案资本金是有别于注册资金的。

②技术方案资本金的出资方式。技术方案的资本金是由技术方案的发起人、股权投资人以获得技术方案财产权和控制权的方式投入的资金。资本金出资形态可以是现金，也可以是实物、工业产权、非专利技术、土地使用权、资源开采权作价出资，但必须经过有资格的资产评估机构评估作价。通常企业未分配利润及从税后利润提取的公积金可投资于技术方案，成为技术方案的资本金。以工业产权和非专利技术作价出资的比例一般不超过技术方案资本金总额的20%（经特别批准，部分高新技术企业可以达到35%以上）。为了使技术方案保持合理的资产结构，应根据投资各方及技术方案的具体情况选择技术方案资本金的出资方式，以保证技术方案能顺利建设并在建成后能正常运营。

(5)技术方案资本金现金流量表中投资借款的处理。从技术方案投资主体的角度看，技术方案投资借款是现金流入，但同时将借款用于技术方案投资则构成同一时点、相同数额的现金流出，二者相抵，对净现金流量的计算无影响。因此，在技术方案资本金现金流量表中投资只计技术方案资本金。另一方面，现金流入又是因技术方案全部投资所获得，故应将借款本金的偿还及利息支付计入现金流出。

(6)维持运营投资。某些技术方案在运营期需要进行一定的固定资产投资才能得以维持正常运营，例如设备更新费用、油田的开发费用、矿山的井巷开拓延伸费用等。不同类型和不同行业的技术方案投资的内容可能不同，但发生维持运营投资时应估算其投资费用，并在现金流量表中将其作为现金流出，参与内部收益率等指标的计算。同时，也应反映在财务计划现金流量表中，参与财务生存能力分析。

维持运营投资是否能予以资本化，按照《企业会计准则——固定资产》，取决于其是否能为企业带来经济利益且该固定资产的成本是否能够可靠地计量。技术方案经济效果评价中，如果该投资投入延长了固定资产的使用寿命，或使产品质量实质性提高，或成本实质性降低等，使可能流入企业的经济利益增加，那么该维持运营投资应予以资本化，即应计入固定资产原值，并计提折旧。否则该投资只能费用化，不形成新的固定资产原值。

3. 经营成本

(1)总成本。总成本费用是指在一定时期(技术方案评价中般指一年)为生产和销售产品或提供服务所发生的全部费用。在技术方案运营期内,各年的总成本费用按生产要素构成如下所示:

$$总成本费用＝外购原材料、燃料及动力费＋工资及福利费＋修理费＋ \\ 折旧费＋摊销费＋财务费用(利息支出)＋其他费用 \quad (4-2)$$

(2)经营成本。经营成本作为技术方案现金流量表中运营期现金流出的主体部分,是从技术方案本身考察的,在一定期间(通常为一年)内由于生产和销售产品及提供服务而实际发生的现金支出。按下式计算:

$$经营成本＝总成本费用－折旧费－摊销费－利息支出 \quad (4-3)$$

或

$$经营成本＝外购原材料、燃料及动力费＋工资及福利费＋修理费＋其他费用 \quad (4-4)$$

在经济效果评价中,折旧费、摊销费和利息支出不计入经营成本。由于建设投资已按其发生的时间作为一次性支出被计入现金流出,在技术方案建成后建设投资形成固定资产、无形资产和其他资产。折旧是建设投资所形成的固定资产的补偿价值,如将折旧随成本计入现金流出,会造成现金流出的重复计算。同样,由于无形资产及其他资产摊销费也是建设投资所形成资产的补偿价值,只是技术方案内部的现金转移,而非现金支出,故为避免重复计算也不予考虑。贷款利息是使用借贷资金所要付出的代价,对于技术方案来说是实际的现金流出,但在评价技术方案总投资的经济效果时,并不考虑资金来源问题,故在这种情况下也不考虑贷款利息的支出。在资本金现金流量表中由于已将利息支出单列,因此经营成本中也不包括利息支出。

经营成本与融资方案无关。因此在完成建设投资和营业收入估算后,就可以估算经营成本,为技术方案融资前分析提供数据。

(3)折旧。企业的固定资产可以长期参加施工生产过程并保持其原有的实物形态,而其价值则随着固定资产的使用逐渐地、部分地转移到工程成本或企业的期间费用中去,折旧就是随着固定资产的使用而逐渐转移到产品成本中去的那部分价值,它将随着产品销售收入的实现而得到补偿。

固定资产折旧的计算方法

折旧是企业计提的为固定资产的更新而储备的资金。在项目投产初期,固定资产不会面临更新问题,那么为了更好地使资金得到利用,企业可以暂时将折旧作为偿还贷款的资金来源,以增强项目偿债能力。最后,所有被用于归还贷款的折旧基金,都要由未分配利润垫回,以保证折旧基金从总体上不被挪用,成为固定资产更新的资金保证。

①固定资产计提折旧的范围。计提折旧的固定资产包括房屋及建筑物；在用的施工机械、运输设备、生产设备、仪器仪表、工具器具；季节性停用、大修理停用的固定资产，融资租赁方式租入和经营租赁方式租出的固定资产，未使用和不需用的固定资产。

不计提折旧的固定资产包括已提足折旧仍继续使用的固定资产；按照规定单独估价作为固定资产入账的土地。

②影响固定资产折旧的因素。影响固定资产折旧的因素主要有四个方面，即固定资产原值、预计净残值、预计使用年限和折旧方法。

a. 固定资产原值。固定资产原值是指计算固定资产折旧的基准，即固定资产的账面原价。以固定资产的原始成本作为计算折旧的基数，可以使折旧的计算建立在客观的基础上，不容易受会计人员主观因素的影响。

b. 预计净残值。预计净残值是指固定资产报废时，预计可以收回的残余价值扣除预计清理费用后的数额，一般用预计净残值率表示，固定资产账面原值减去预计净残值即为固定资产应计提的折旧总额。

c. 预计使用年限。预计使用年限是指固定资产预计经济使用年限，即折旧年限。固定资产使用年限的长短直接影响各期应计提的折旧数额。

d. 折旧方法。使用不同的折旧方法，每期计提的折旧数额不一样，从而导致成本和效益不一样。

③固定资产折旧的计算方法。固定资产折旧的计算一般采用平均年限法和工作量法，对技术进步较快或使用寿命受工作环境影响较大的施工机械和运输设备，可以采用双倍余额递减法或年数总和法计提折旧。

a. 平均年限法。平均年限法是指按固定资产预计使用年限平均计算折旧的一种方法。采用这种方法计算的每期(年、月)折旧额都是相等的。其计算公式如下：

$$固定资产年折旧额 = \frac{固定资产原值 - 预计将残值}{固定资产预计使用年限} \tag{4-5}$$

$$固定资产年折旧率 = \frac{1 - 预计净残值率}{固定资产预计使用年限} \times 100\% \tag{4-6}$$

【案例 4-2】企业某台设备价值 620 万元，预计使用年限为 15 年，预计净残值率为 5%，计算该设备的折旧率和折旧额。

【解】

$$年折旧额 = \frac{620 \times (1 - 5\%)}{15} = 39.27$$

$$月折旧额 = 39.27 \div 12 = 3.27$$

$$年折旧率 = \frac{1 - 5\%}{15} \times 100\% = 6.33\%$$

$$月折旧率 = 6.33\% \div 12 = 0.527\%$$

$$月折旧额 = 0.527\% \times 620 = 3.27$$

b. 工作量法。工作量法是按照固定资产预计总工作量计提折旧额的一种方法。这种方法实际上是平均年限法的一种演变。其基本计算公式如下：

$$单位工作量折旧额 = \frac{固定资产原值(1-预计净残值率)}{预计总工作量} \qquad (4-7)$$

$$某固定资产当月应提折旧额 = 当月工作量 \times 单位工作量折旧额 \qquad (4-8)$$

其中，工作量单位按照固定资产的性质确定，可以用行驶里程数，它适用于车辆、船舶等运输设备；也可以用工作台班数，它适用于机器、设备等。

c. 双倍余额递减法。双倍余额递减法是在不考虑固定资产净残值的情况下，根据每期期初固定资产账面价值和双倍的直线法折旧率计算固定资产折旧的一种方法。采用这种方法，固定资产账面价值随着折旧的计提逐年减少，而折旧率不变，因此，各期计提的折旧额必然逐年减少。其计算公式如下：

$$固定资产年折旧率 = 2 \div 固定资产预计使用年限 \times 100\% \qquad (4-9)$$

$$固定资产月折旧率 = 固定资产年折旧率 \div 12 \qquad (4-10)$$

$$固定资产月折旧额 = 固定资产账面价值 \times 月折旧率 \qquad (4-11)$$

采用双倍余额递减法计提折旧的固定资产，应当在固定资产使用后期，当发现某期按双倍余额递减法计算的折旧小于该期剩余年限按直线法计提的折旧时，改用直线法计提折旧，即将固定资产净值扣除预计净残值后按剩余年限平均摊销。

【案例 4-3】某设备原值为 52 000 元，预计使用 5 年，预计净残值为 2 000 元，采用双倍余额递减法计提各年折旧额。

【解】双倍余额递减法折旧计算表如表 4-9 所示。

表 4-9 双倍余额递减法折旧计算表

年份/年	期初账面价值/元	折旧率	本年折旧额/元	累计折旧/元	期末账面价值/元
1	52 000	40%	20 800	20 800	31 200
2	31 200	40%	12 480	33 280	18 720
3	18 720	40%	7 488	40 768	11 232
4	11 232	—	4 616	45 384	6 616
5	6 616	—	4 616	50 000	2 000

注：最后两年使用平均年限法，将净值扣除预计净残值后的余额平均摊销，即
$(11\ 232 - 2\ 000) \div 2 = 4\ 616$

d. 年数总和法。年数总和法是将固定资产的原值减去净残值后的净额乘以一个逐年递减的分数计算每年折旧额的一种方法。此种方法折旧基数不变，折旧率逐年降低，达到前期多提折旧、后期少提折旧的目的。

$$固定资产年折旧率 = \frac{预计使用年限 - 已使用年限}{预计折旧年限 \times (预计折旧年限 + 1) \div 2} \times 100\% \qquad (4-12)$$

$$= \frac{\text{固定资产尚可使用年限}}{\text{固定资产预计使用年限的年数总和}} \times 100\% \quad (4-13)$$

$$\text{固定资产月折旧率} = \text{固定资产年折旧率} \div 12 \quad (4-14)$$

$$\text{固定资产月折旧额} = (\text{固定资产原值} - \text{预计净残值}) \times \text{月折旧率} \quad (4-15)$$

【案例 4-4】根据【案例 4-3】，用年数总和法计算各年折旧。

【解】年数总和法折旧计算表如表 4-10 所示。

表 4-10 年数总和法折旧计算表

年份/年	尚可使用年限/年	(原值-净残值)/元	年折旧率	各年折旧额/元	累计折旧额/元
1	5	50 000	5/15	16 666.67	16 666.67
2	4	50 000	4/15	13 333.33	30 000
3	3	50 000	3/15	10 000	40 000
4	2	50 000	2/15	6 666.67	46 666.67
5	1	50 000	1/15	3 333.33	50 000

4. 税金

税金是国家凭借政治权力参与国民收入分配和再分配的一种货币形式。在技术方案经济效果评价中合理计算各种税费，是正确计算技术方案效益与费用的重要基础。

技术方案经济效果评价涉及的税费主要包括增值税、消费税、资源税、城市维护建设税和教育费附加、地方教育附加、关税、所得税等，有些行业还包括土地增值税。此外还有车船税、房产税、城镇土地使用税、印花税和契税等。

税金一般属于财务现金流出。在进行税金计算时应说明税种、征税方式、税基、税率、计税额等，这些内容应根据相关税法和技术方案的具体情况确定。

(1) 增值税。经国务院批准，自 2016 年 5 月 1 日起，在全国范围内全面推开营业税改征增值税试点，由缴纳营业税改为缴纳增值税。工程项目投资构成中的建筑安装工程费、设备购置费、工程建设其他费用中所含增值税进项税税额，应根据国家增值税相关规定实施抵扣。但是，为了满足筹资的需要，必须足额估算技术方案建设投资，为此，技术方案建设投资估算应按含增值税进项税额的价格进行。同时要将可抵扣固定资产进项税额单独列示，以便财务分析中正确计算固定资产原值和应纳增值税。

(2) 消费税。消费税是针对特定消费品征收的税金。在经济效果评价中，对适用消费税的产品，消费税实行从价定率、从量定额，或者用从价定率和从量定额复合计税（简称复合计税）的办法计算应纳税额。应纳税额计算公式如下：

① 实行从价定率办法：

$$\text{应纳消费税额} = \text{销售额} \times \text{比例税率} \quad (4-16)$$

② 实行从量定额办法：

$$应纳消费税额 = 销售数量 \times 定额税率 \qquad (4-17)$$

③实行复合计税办法：

$$应纳消费税额 = 销售额 \times 比例税率 + 销售数量 \times 定额税率 \qquad (4-18)$$

(3)资源税。资源税是国家对开采规定的矿产品或者生产盐的单位和个人在应税产品的销售或自用环节征收的税种。目前，根据资源不同资源税分别实行从价定率和从量定额的办法计算应纳资源税额。

①对煤炭、原油和天然气、稀土、钨、钼，以及列入资源税税目的金属矿、非金属矿海盐等采用从价定率的方法征税。

$$应纳资源税额 = 销售额 \times 比例税率 \qquad (4-19)$$

②对经营分散、多为现金交易且难以控管的黏土、砂石，按照便利征管原则，仍实行从量定额计征，即按应课税资源的产量乘以单位税额计算。

$$应纳资源税额 = 课税数量 \times 单位税额 \qquad (4-20)$$

(4)土地增值税。土地增值税是对有偿转让房地产取得的增值额征收的税种。房地产开发项目应按规定计算土地增值税。土地增值税按四级超率累进税率计算：

$$土地增值税税额 = 增值额 \times 适用税率 \qquad (4-21)$$

式中：适用税率根据增值额是否超过扣除项目金额的比率多少确定。

(5)附加税。技术方案经济效果评价涉及的附加税主要是城市维护建设税和教育费附加、地方教育附加。

城市维护建设税是一种为了加强城市的维护建设，扩大和稳定城市维护建设资金来源的地方附加税；教育费附加是国家为发展地方教育事业，扩大地方教育经费来源，计征用于教育的政府性基金，是地方收取的专项费用；地方教育附加是各省、自治区、直辖市根据国家有关规定，为实施"科教兴省"战略，增加地方教育的资金投入，开征的一项地方政府性基金，主要用于各地方的教育经费的投入补充。

城市维护建设税和教育费附加、地方教育附加，以增值税和消费税为税基乘以相应的税率计算。其中，城市维护建设税税率根据技术方案所在地不同有三个等级，即市区为7%，县城和镇为5%，市区、县城和镇以外为1%；教育费附加率为3%；地方教育附加率为2%。城市维护建设税和教育费附加、地方教育附加分别与增值税和消费税同时缴纳。

在进行经济效果分析时，消费税、土地增值税、资源税和城市维护建设税、教育费附加、地方教育附加均可包含在营业税金及附加中。

(6)关税。关税是以进出口的应税货物为纳税对象的税种。技术方案经济效果评价中涉及引进设备、技术和进口原材料时，应按有关税法和国家的税收优惠政策，正确估算进口关税。进口货物关税以从价计征、从量计征或者国家规定的其他方式征收。

①从价计征时，应纳关税额的计算公式为

$$应纳关税额 = 完税价格 \times 关税税率 \qquad (4-22)$$

进口货物的完税价格，由海关以该货物的成交价格为基础审查确定，并应当包括货物运抵中华人民共和国境内输入地点起卸前的运输及其相关费用、保险费。

出口货物的完税价格由海关以该货物的成交价格为基础审查确定，并应当包括货物运至中华人民共和国境内输出地点装载前的运输及其相关费用、保险费。

②从量计征时，应纳关税额的计算公式为

$$应纳关税额 = 货物数量 \times 单位税额 \tag{4-23}$$

我国仅对少数货物征收出口关税，而对大部分货物免征出口关税。若技术方案的出口产品属征税货物，应按规定估算出口关税。

(7) 所得税。技术方案经济效果评价中所得税是指企业所得税，即针对企业应纳税所得额征收的税种。企业所得税按有关税法扣除所得税前项目计算应纳税所得额，并采用适宜的税率计算。

$$应纳所得税额 = 应纳税所得额 \times 适用税率 - 减免税额 - 抵免税额 \tag{4-24}$$

上述各税费如有减征、免征和抵免的优惠，应说明政策依据以及减免、抵免的方式并按相关规定估算减免、抵免金额。

学习情景五 设备更新的经济分析

一、学习情景描述

某公司现有一台旧设备,目前实际残值估值为 10 000 元,估计尚可再使用 3 年,其每年的经营成本和年末残值如表 5-1 所示。现市场上出现了一种更先进的设备,新设备的购置费为 60 000 元,估计经济寿命为 12 年,估计残值为 6 000 元,每年经营成本为 13 750 元。当基准收益率为 15% 时,试确定旧设备的最佳更新期。

表 5-1 旧设备年度经营成本和年末残值表

继续使用年数/年	1	2	3
年度经营成本/元	18 500	23 500	28 500
年末残值/元	7 500	5 500	3 500

二、学习目标

使学生了解设备磨损的类型、概念、规律、特点;熟悉设备各种磨损的区别及补偿方式;熟悉设备经济寿命的概念及意义,掌握设备经济寿命确定的计算方法;掌握设备更新和设备现代化改装的经济分析,并能灵活地进行方案的选择。

三、获取信息

要完成设备是否需要更新方案的评价,我们需要查阅、收集相关资料,了解设备磨损及经济寿命的概念、计算方法及设备更新分析方法、更新方案的综合比较等相关信息。

1. 设备更新的原因及特点

引导问题 1:设备为什么要更新?

_____

_____

_____

引导问题2：设备的磨损有哪些？

引导问题3：设备磨损有哪些补偿方式？

2. 设备的经济寿命

引导问题4：什么是设备的经济寿命？

引导问题5：如何确定设备的经济寿命？

引导问题6：某设备购置费为24 000元，第1年的设备运营费为8 000元，以后每年增加5 600元，设备逐年减少的残值如表5-2所示。设利率为12%，求该设备的经济寿命。

表5-2 设备经济寿命动态计算表　　　　　　　　　　　　　　　单位：元

第 j 年末	设备使用到第 n 年末的残值	年度运营成本	等额年资产恢复成本	等额年运营成本	等额年总成本
1	12	—	0	8 000	22 880
2	8	—	—	—	—
3	4	—	6	13 179	21 985
4	—	—	—	5 610	23 511

工程经济

3. 设备更新分析方法及其应用

引导问题 7：设备更新有哪些特点？

引导问题 8：进行设备更新方案比较时，应遵循哪些原则？

引导问题 9：原型设备更新分析的步骤是什么？

引导问题 10：对超过最佳期间的设备可采用哪些处理办法？如何进行综合比较？

四、任务分组

分组任务：将学生按特定数量分组，以小组为单位，进行任务分工，明确工作任务，填写任务分配表，如表 5-3 所示。

表 5-3 学生任务分配表

班级			组号		指导教师	
姓名		学号		分工任务		

五、问题分析

教师针对各小组获取的信息，对学生理解不全面、不透彻的内容进行讲解，并提出指导性意见，学生重新修改引导问题答案。

六、任务实施

学生小组通过学习设备更新的相关知识和计算公式，分析研究如何确定设备的经济寿命，以及设备更新分析方法及其具体应用，对设备更新方案进行综合比较。

七、评价反馈

小组组长介绍任务完成情况，进行学生自评，小组互评，结果填写至评价表中，如表 5-4 所示。

表 5-4 学生评价表

班级		姓名		学号	
序号	项目	分值	学生自评打分	小组互评得分	综合得分
1	引导问题填写	60			
2	任务是否按时完成	10			
3	经济学意义理解是否深刻	5			
4	指标计算是否正确	10			
5	评价结果是否准确	5			
6	是否服从指挥，配合其他人员	5			
7	资料上交情况	5			
合计		100			

八、相关知识

(一)设备更新的原因及特点

1. 设备更新的原因

设备是现代企业生产的重要物质和技术基础，是扩大再生产的重要生产资料。各种机器设备的质量和技术水平是衡量一个国家工业化水平的重要标志，是判断一个企业技术能力、开发能力和创新能力的重要标准，也是影响企业和国民经济各项经济技术指标的重要因素。

设备在使用或闲置过程中，零件或实体均会发生磨损，而设备更新则源于设备的磨损。

2. 设备磨损的种类

设备磨损分为有形磨损和无形磨损，设备磨损是有形磨损和无形

设备磨损的种类

磨损共同作用的结果。

有形磨损又包括第Ⅰ种有形磨损和第Ⅱ种有形磨损,无形磨损也包括第Ⅰ种无形磨损和第Ⅱ种无形磨损,如图5-1所示。

$$\text{设备磨损}\begin{cases}\text{有形磨损}\begin{cases}\text{第Ⅰ种有形磨损}\\\text{第Ⅱ种有形磨损}\end{cases}\\\text{无形磨损}\begin{cases}\text{第Ⅰ种无形磨损}\\\text{第Ⅱ种无形磨损}\end{cases}\end{cases}$$

图5-1 设备磨损分类图

(1)设备的有形磨损。设备的有形磨损又称物质磨损,是指设备在使用或闲置过程中零部件产生磨损、振动、疲劳、生锈等现象,致使设备发生的实体磨损。

①第Ⅰ种有形磨损:设备在使用过程中,外力(如摩擦、受到冲击、超负荷或交变应力作用、受热不均匀等)造成的实体磨损、变形或损坏。

②第Ⅱ种有形磨损:设备在闲置过程中,自然力(生锈、腐蚀、老化等)造成的磨损。

设备的有形磨损是有一定规律的。一般情况下,设备在初期阶段磨损量增加较快,当磨损量达到一定程度时,磨损缓慢增加,在这一阶段是设备的正常使用阶段。当设备使用到一定时间,磨损的"量变"积聚到一定程度,就会发生"质变",这时磨损迅速增加,最后致使设备零件实体全部损坏直至报废。设备有形磨损的规律如图5-2所示。

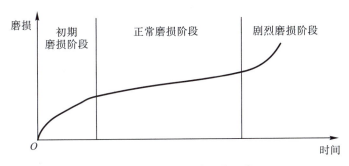

图5-2 设备有形磨损的规律

图5-2中,设备的有形磨损从时间上分成3个阶段,即初期磨损阶段、正常磨损阶段和剧烈磨损阶段。在设备的初期磨损阶段,由于工人操作不熟练,使设备表面粗糙不平部分在相对运动中被迅速磨去,磨损很快,但这段时间较短。在设备的正常磨损阶段,工人操作逐渐熟练,零件的磨损趋于缓慢,磨损量基本上随时间而均匀增加,这段时间较长,是磨损的"量变"过程。在设备的剧烈磨损阶段,零件的磨损超过一定限度,正常的磨损关系被破坏,工作情况恶化而磨损加快,设备精度、性能和生产效率迅速下降。此时如果不停止使用设备,并进行修理的话,设备将会损坏或者报废。这段时间较短,是磨损的"质变"过程。

(2)设备的无形磨损。设备的无形磨损又称精神磨损,表现为设备原始价值的贬值,不表现为设备实体的变化和损坏。

①第Ⅰ类无形磨损。第Ⅰ类无形磨损是指,设备的技术结构和性能没有变化,但由于技术进步,社会劳动生产率水平的提高,同类设备的再生产价值降低,致使原设备相对贬值。

②第Ⅱ类无形磨损。第Ⅱ类无形磨损是指,由于科学技术的进步,不断创新出性能更完善、效率更高的设备,使原有设备相对陈旧落后,其经济效益相对降低而发生贬值。

有形和无形两种磨损都引起机器设备原始价值的贬值,这一点两者是相同的。不同的是,遭受有形磨损的设备,特别是有形磨损严重的设备,在修理之前,常常不能工作;而遭受无形磨损的设备,即使无形磨损很严重,其固定资产物质内容却可能没有磨损,仍然可以使用,只不过继续使用它在经济上是否合算,需要分析研究。

③设备的综合磨损。设备的综合磨损是指同时存在有形磨损和无形磨损的损坏和贬值的综合情况。对任何特定的设备来说,这两种磨损必然同时发生和同时互相影响。某些方面的技术进步可能加快设备有形磨损的速度,例如高强度、高速度、大负荷技术的发展,必然使设备的物理磨损加剧。同时,某些方面的技术进步又可提供耐热、耐磨、耐腐蚀、耐振动、耐冲击的新材料,使设备的有形磨损减缓,但是其无形磨损加快。

3. 设备磨损的补偿

在工程项目生产经营期内要维持企业生产的正常进行,必须对设备的磨损进行补偿。由于机器设备遭受磨损的形式不同,补偿磨损的方式也不同。补偿分局部补偿和完全补偿。局部补偿只对磨损的设备进行局部的替换或修理。完全补偿是对磨损设备进行全部替换。设备有形磨损的局部补偿是修理,设备无形磨损的局部补偿是现代化改装。有形磨损和无形磨损的完全补偿是更新,如图5-3所示。

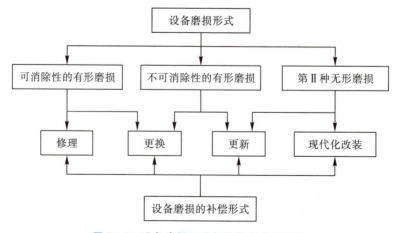

图5-3 设备磨损形式与补偿方式的关系

(1)设备修理。设备修理是修复由于正常的或不正常的原因造成的设备损坏和精度劣化的过程。通过修理,更换已经磨损、老化和腐蚀的零部件,使得设备性能得到恢复。按照修理的程度和工作量的大小,修理分为大修、中修和小修。大修、中修和小修修理的内容不同,间隔时间也不同,所花费的资金及资金来源也不同。中修和小修所需要的资金一般直接计入生产成本,而大修费用则由大修费用专项资金开支。

设备大修是通过调整、修复或更换磨损的零部件的办法,恢复设备的精度、生产效率,恢复零部件及整机的全部或接近全部的功能,达到出厂的标准精度的。设备中修、小修是通过调整、修复和更换易损件的办法,达到工艺要求的。

(2)设备更新。设备更新是指以结构更先进、技术更完善、效率更高、性能更好、消耗更低、外观更新颖的设备代替落后、陈旧,遭受第Ⅱ种无形磨损,且在经济上不宜继续使用的设备。这是实现企业技术进步,提高经济效益的主要途径。亦可以用结构相同的新设备去代替遭受严重有形磨损而不能继续使用的设备。但是,由于当今科学技术发展迅速,对后一种更新不宜过多采用,否则会导致企业技术停滞。

(3)设备现代化改装。设备现代化改装及设备的技术改造,就是应用现代化的技术成就和先进的经验,根据生产的具体需要,改变旧设备的结构或增加新装置、新部件等,以改善旧设备的技术性能与使用指标,使它局部或全部达到所需要的新设备的水平。

设备现代化改装,主要目的是提高设备的高机械化、自动化水平,扩大设备的工艺范围,改善设备的技术性能,提高设备的精度,增加设备的寿命,改善劳动条件和安全作业等。

(二)设备经济寿命的确定

由于设备磨损的存在,设备的使用价值和经济价值都将逐渐减小,最终消失,因此,设备具有一定的寿命。正确确定设备的寿命,对于提高企业经济效益很有帮助。

设备经济寿命的确定

1. 设备寿命的类型

设备的寿命有自然寿命、技术寿命和经济寿命3种。

(1)自然寿命。设备的自然寿命又称"物质寿命",是指设备从开始使用,逐渐产生有形磨损,造成设备逐渐老化、损坏,直到报废所经历的全部时间。它主要是由设备的有形磨损决定的一种寿命。正确使用,搞好维护保养,计划检修等可以延长设备的自然寿命,但不能从根本上避免设备的磨损。任何一台设备磨损到一定的程度时,必须进行修理或更新,因为随着设备使用时间的延长,设备不断老化,维修所支出的费用也逐渐增加,从而出现恶性使用阶段,即经济上不合理的使用阶段。因此,设备的自然寿命不能成为设备更新的估算依据。

(2)技术寿命。技术寿命又称设备的技术老化周期,是指设备从投入使用到因技术落后而被淘汰所经历的全部时间。它是由无形磨损决定的,一般比自然寿命短。技术寿命的长短主要取决于技术进步的发展速度,而与有形磨损无关。科学技术进步越快,技术寿命越短。所以,在估算设备寿命时,必须考虑设备技术寿命期限的变化特点及其使用的制约或影响。当更先进的设备出现时,现有设备在物质寿命尚未结束前就可能被淘汰。通过现代化改装,可以延长设备的技术寿命。

(3) 经济寿命。当设备处于自然寿命期的后期时,由于设备老化,磨损严重,要花费大量的维修费用才能保证设备正常使用,因此,从经济上考虑,要对使用费用加以限制,从而终止自然寿命,这就产生了经济寿命的概念。经济寿命是指设备从投入使用开始,到因继续使用在经济上不合理而被更新所经历的时间。它是由设备维持费用的提高和使用价值的降低所决定的,是设备的有形磨损和无形磨损共同作用的结果。设备使用年限越长,每年所分摊的设备购置费(年折旧费)越少。但是随着设备使用年限的增加,一方面需要更多的维修费维持原有功能;另一方面机器设备的操作成本及原材料、能源耗费也会增加,年运行时间、生产效率、质量将下降。因此,年折旧费的降低,会被年维持费用的增加或收益的下降所抵消。在整个变化过程中,年均总成本(或年均净收益)是时间的函数,这就存在着使用到某一年份,其平均综合成本最低,经济效益最好。即在这个时间之前,或者在这一时间之后,年折旧费和年维持费用的总和都将会增高,年平均费用达到最低值所对应的年份就是设备的经济寿命,如图5-4所示。所以,设备的经济寿命就是从经济观点(即成本观点或收益观点)确定的设备更新的最佳时刻。正确使用设备,搞好维护保养,局部进行现代化改装,都可以延长设备的经济寿命。

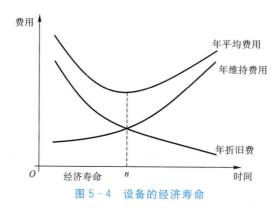

图 5-4 设备的经济寿命

一般情况下,设备的技术寿命短于经济寿命,而经济寿命又短于自然寿命。经济寿命是设备经济分析中最重要的概念,设备更新的依据往往就是经济寿命。

2. 设备经济寿命的确定

(1) 不考虑资金时间价值时的经济寿命。设备使用到第 N 年末时的年平均使用费用为

$$AC_N = \frac{P_0 - P_N}{N} + \frac{\sum_{t=1}^{N} C_t}{N} \tag{5-1}$$

式中：AC_N——N 年内设备的年平均使用费用；

P_0——设备初始的实际价值；

C_t——第 t 年的设备维持费用（即设备运行成本）；

P_N——第 N 年末的设备净残值。

在式(5-1)中，$\dfrac{P_0-P_N}{N}$ 为平均年折旧费，$\dfrac{\sum_{t=1}^{N}C_t}{N}$ 为设备的平均年维持费用。

【案例 5-1】已知某设备的寿命期为 10 年，期初的原值为 800 万元，每年的年度使用费用和年末残值如表 5-5 所示。计算该设备的经济寿命。

表 5-5 设备每年的费用

继续使用年限 t/年	1	2	3	4	5	6	7	8	9	10
年度设备维持费用/万元	10	15	20	20	25	25	30	35	45	50
年末残值/万元	740	700	680	650	600	560	520	480	450	300

【解】根据公式(5-1)可以计算设备的经济寿命。使用年限为 N，设备的原值用 P_0 表示，残值用 P_N 表示。为了计算方便，我们列表计算。计算过程和结果如表 5-6 所示。

表 5-6 计算过程和结果

使用年限 N/年	年净资产 P_0-P_N/万元	平均年折旧费 $\dfrac{P_0-P_N}{N}$/万元	年设备维持费 C_t/万元	累计设备维持费 $\sum_{t=1}^{N}C_t$/万元	平均年维持费 $\dfrac{\sum_{t=1}^{N}C_t}{N}$/万元	年平均使用费用 $\dfrac{P_0-P_N}{N}+\dfrac{\sum_{t=1}^{N}C_t}{N}$/万元
1	60	60	10	10	10	70
2	100	50	15	25	12.5	62.5
3	120	40	20	45	15	55
4	150	37.5	20	65	16.3	53.8*
5	200	40	25	90	18	58
6	240	40	25	115	19.2	59.2
7	280	40	30	145	2.07	60.7
8	320	40	35	180	22.5	62.5
9	350	38.9	45	225	25	63.9
10	500	50	50	275	27.5	77.5

注：* 表示费用最低。

工程经济

从表 5-6 中的计算可见,该设备在使用 4 年时,其年平均费用 53.8 万元为最低。因此,该设备的经济寿命就是 4 年。

由于设备使用时间越长,设备的有形磨损和无形磨损越加剧,从而导致设备的维护修理费用越增加,这种逐年递增的费用 ΔC_t 为设备的低劣化,用低劣化数值表示设备损耗的方法称为低劣化数值法。如果每年设备的劣化增量是均等的,即 $\Delta C_t = \lambda$,每年劣化呈线性增长。据此,可以简化经济寿命的计算,即

$$N_0 = \sqrt{\frac{2(P_0 - P_N)}{\lambda}}$$

式中:N_0 ——设备的经济寿命;
λ ——设备的低劣化值。

【案例 5-2】 有一台车床原值为 800 元,不论使用几年其残值均为 50 元。该车床第一年的使用费用为 200 元,以后每年增加 100 元,不考虑利息。试计算该车床的经济寿命,并求达到经济寿命时该车床的年平均费用。

【解】 该车床的经济寿命为

$$N_0 = \sqrt{\frac{2 \times (800 - 50)}{100}} = 3.87$$

(2)考虑资金的时间价值。在考虑资金的时间价值的情况下,应先计算出设备的净年值 NAV 或年成本 AC,通过比较年平均效益或年平均费用来确定设备的经济寿命 N_0,其计算式如下:

$$NAV(N) = \left[\sum_{i=0}^{N}(C_i - C_o)_t(1+i_c)^{-t}\right](A/P, i, n) \tag{5-2}$$

或

$$AC(N) = \left[\sum_{t=0}^{N} C_{\alpha}(1+i_c)^{-t}\right](A/P, i, n) \tag{5-3}$$

在上式中,如果使用年限 N 为变量,则当 $N_0(0 < N_0 \leqslant N)$ 为经济寿命时,应满足:

$$\begin{cases} NAV(N_0) \to 最大(\max) \\ AC(N_0) \to 最小(\min) \end{cases}$$

如果设备目前实际价值为 P_0,使用年限为 N,设备第 N 年末的净残值为 P_N,第 t 年的运行成本为 C_t,基准折现率为 i_c,其经济寿命为年成本 AC 最小时所对应的 N_0,即

$$AC_{\min} = P_0(A/P, i, n) + P_N(A/F, i, n) + \left[\sum_{t=1}^{N_0} C_t(P/F, i, n)\right](A/P, i, n) \tag{5-4}$$

或

$$AC_{\min} = P_0(A/P, i, n) + P_N(A/F, i, n) + C_1 + \left[\sum_{t=2}^{N} \lambda(P/F, i, n)\right](A/P, i, n) \tag{5-5}$$

式中：$P_0(A/P, i, n) + P_N(A/F, i, n)$——年等额折旧费；

$C_1 + \left[\sum_{t=2}^{N} \lambda(P/F, i, n)\right](A/P, i, n)$——年等额维持费（使用费）。

由式(5-2)~式(5-5)可以看到，用净年值或年成本估算设备的经济寿命的过程是，在已知设备现金流量和利率的情况下，计算出从寿命1年到N年全部使用期的年等效值，从中找出平均年成本的最小值（项目考虑以支出为主时），或是平均年盈利的最大值（项目考虑以收入为主时）及其所对应的年限，从而确定设备的经济寿命。

【案例5-3】有一台挖土机，原始价值为60 000元，挖土机每年的残值估计如表5-7所示。该挖土机第一年的使用费为10 000元，以后每年以2 000元的数值递增。若基准折现率为6%，那么该挖土机的经济寿命是多少？计算经济寿命时的年平均费用。

表5-7 挖土机每年的残值估计

使用年限/年	1	2	3	4	5	6	7	8	9
年末估计残值/元	30 000	15 000	7 500	3 750	2 000	2 000	2 000	1 500	1 000

【解】根据已知条件，有$P=60\ 000$元，$C_1=10\ 000$元，$\lambda=2\ 000$元。

现在按照式(5-5)中各项内容列表计算挖土机的经济寿命，如表5-8所示。

表5-8 挖土机经济寿命的计算过程

年份/年	$P_0(A/P, i, n)$/元	P_N/元	$P_N(A/F, i, n)$/元	年等额维持费/元	AC/元
1	63 600	30 000	30 000	1 000	43 600
2	32 724	15 000	7 281	10 970.8	36 413.8
3	22 446	7 500	2 355.75	11 922.4	32 012.65
4	17 316	3 750	857.25	12 854.4	29 313.15
5	14 244	2 000	354.8	13 767.2	27 656.4
6	12 204	2 000	286.8	14 660.8	26 578
7	10 746	2 000	238.2	15 535.2	26 043
8	9 660	1 500	151.5	16 390.4	25 898.9*
9	8 820	1 000	87	17 226.6	25 959.6

注：*表示费用最低。

从表5-8的计算可见，第8年时挖土机的年平均费用最低，因此，该挖土机的经济寿命为$N_0=8$(年)。

挖土机经济寿命时的年平均费用为25 898.9元。

(三)设备更新分析方法及其应用

1. 概述

(1)设备更新的经济意义。设备更新从战略上讲是一项很重要的工作。设备原型更新的意义显而易见,可使生产经营活动延续下去。设备技术更新,是用技术更先进的设备取代已过时的落后设备,是对设备的提前更换,通过设备的技术更新可以促进企业技术进步,降低消耗,提高企业效益,提高劳动生产率,促进国家经济发展。如19世纪80年代,英国把大量资本投于国外,没有充分重视老工业部门的设备更新,舍不得丢掉产业革命时留下的大量陈旧设备,妨碍了工业发展。再如日本,1956年后,先后执行了四个工业振兴法,在大力抓智力投资的同时,一手抓专业化,一手抓设备更新,工业得到迅速发展。

设备更新分析方法及其应用

(2)设备更新的特点及原则。设备更新的核心问题是选择设备更新的最佳时机及最优的更新方案,即在何时采用什么样的更新方式,选择何种机型对设备进行更新。

通常,在采用新设备时,一切有关的费用,包括购置费、运输费、装置费等都应该考虑进去,作为原始费用。在更换旧设备时,应把旧设备出售的收入、拆卸费用以及可能发生的修理费用等都计算在内,求出其净残值。

在优选方案时,需对不同方案作出比较。设备更新方案比较具有以下两个特点:

①在考虑设备更新方案的比较时,我们通常假定设备产生的收益是相同的,因此,只对设备的费用进行比较。

②由于不同设备的寿命期不同,为了计算简便,我们通常采用设备的年度费用进行比较。

设备的更新一定要讲究经济效益,要以最少的费用投入获得最佳的经济效果。任何企业的资金都是有限的,因此设备更新应根据需要与可能,有计划、有步骤、有重点地进行,要注意先解决生产能力薄弱的环节,使设备能力配套,提高企业综合生产能力。此外,在设备更新中,还应充分发挥本企业的生产和技术潜力。对更新下来的设备也应合理、充分地利用,以节约企业资金。

在进行设备更新时,不仅要确定多个更新方案,还要充分利用经济指标,对各更新方案进行分析比较,从而保证科学合理地更新设备。进行设备更新方案比较时,应遵循下面两条原则:

①不考虑沉没成本,就是说在进行方案比较时,原设备的价值按目前实际所值的价值计算,而不管它过去是花多少钱买进的。

②不要按方案的直接现金流量计算比较,而应从一个客观的立场上去比较。如两台新、旧设备进行比较时,不能把旧设备的销售收入作为新设备的现金流入,而应把旧设备所能卖的钱作为购买旧设备的费用。

2. 设备更新分析方法

设备更新分析的结论取决于所采用的分析方法，而设备更新分析的假定条件和设备的研究期是选用设备更新分析方法时应考虑的重要因素。

(1) 原型设备更新分析方法。如果设备在其整个使用期内并不过时，也就是在一定时期内还没有更先进、功能更全、性能更优越的设备出现，这时，该设备未来的更新替换物，仍然是同一种资产，该设备的最优更新期即为该设备的经济寿命。

原型设备更新分析主要有以下三个步骤：

①确定各方案共同的研究期。

②用费用年值法确定各方案设备的经济寿命。

③通过比较每个方案设备的经济寿命确定最佳方案，即旧设备是否更新以及新设备未来的更新周期。

前面已对经济寿命的计算方法进行了详细讨论，这里就不再举例说明。

(2) 新型设备更新分析方法。在科学技术日新月异的情况下，由于无形磨损，很可能在设备经营成本尚未升高到该用原型设备替代之前，就已经出现工作效率更高和经济效果更好的新型设备。这时，就要对继续使用旧设备和购置新型设备这两种不同的方案进行比较，也就是说，要分析在经济上是继续使用旧设备有利，还是购置新型设备有利。

在有新型设备出现的情况下，常用分析方法是"年度边际成本法"，其操作步骤如下：

①计算旧设备的年度边际成本。

$$MC_n = C_n + (L_{n-1} - L_n) + L_{n-1} \cdot i$$

式中：C_n——第 n 年旧设备的经营成本及损失额；

$(L_{n-1} - L_n)$——第 n 年资产折旧费；

$L_{n-1} \cdot i$——资产占用资金的成本。

②计算新型设备的年均总成本。

$$AC'_n = \left[P' - L'_n (P/F, i, n) + \sum_{j=1}^{n} C'_j (P/F, i, j) \right] (A/P, i, n)$$

式中：P'——新设备的购置费；

L'_n——新设备的残值；

C'_j——新设备第 j 年的经营成本。

③根据计算结果进行比较。

当 $MC_n > AC'_n$ 时，需更新旧设备；

当 $MC_n \leq AC'_n$ 时，保留旧设备（即继续使用旧设备）。

【案例 5-4】 某企业有一套供水设备,已经使用了 5 年,现残余价值为 10 200 元。预计还能用 3 年,每年经营费用及残值如表 5-9 所示。当前市场上有一种自动供水设备,初始投资为 35 000 元,经济寿命为 15 年,经营费每年为 2 000 元,寿命终了可收回残值 3 000 元。原供水设备是否需要更换?何时更换(已知贴现率为 12%)?

表 5-9　原有设备年经营费用及残值

继续使用年份/年	1	2	3
年经营费/元	3 000	3 500	4 000
年末残值/元	8 200	6 400	3 800

【解】 新旧设备的现金流量图如 5-5 所示。

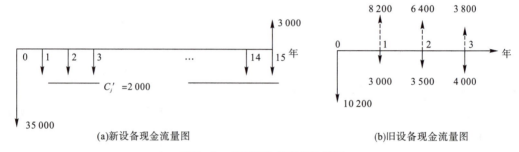

图 5-5　新旧设备的现金流量图

(1) 新设备在其经济寿命内的平均年费用:

$$AC_{新}=[35\ 000-3\ 000(P/F,12\%,15)](A/P,12\%,15)+2\ 000=7\ 058$$

(2) 若继续使用旧设备时,其每年的边际成本计算表如表 5-10 所示。

表 5-10　旧设备每年的边际成本计算表

年份/年	L_n/元	$L_{n-1}-L_n$/元	$L_{n-1}\times 12\%$/元	C_n/元	边际成本 AC_n/元
0	10 200	—	—	—	—
1	8 200	2 000	1 224	3 000	6 224
2	6 400	1 800	984	3 500	6 284
3	3 800	2 600	768	4 000	7 362

根据计算结果,将新设备的平均年费用与旧设备继续使用年份内各年的年费用相比较,有

$$AC_1<AC_2<AC_{新}<AC_3$$

因此,原供水设备需要更新,并且继续使用 2 年后再进行更换最经济。

(3)设备更新分析方法应用。

①技术创新引起的设备更新。通过技术创新不断改善设备的生产效率,提高设备使用功能,会造成旧设备产生精神磨损,从而有可能导致企业对旧设备进行更新。

【案例 5-5】某公司用旧设备 O 加工某产品的关键零件,设备 O 是 8 年前买的,当时的购置及安装费为 8 万元,设备 O 目前市场价为 18 000 元,估计设备 O 可再使用 2 年,退役时残值为 2 750 元。目前市场上出现了一种新的设备 A,设备 A 的购置及安装费为 120 000 万元,使用寿命为 10 年,残值为原值的 10%。旧设备 O 和新设备 A 加工 100 个零件所需时间分别为 5.24 小时和 4.22 小时,该公司预计今后每年平均能销售 44 000 件该产品。该公司人工费为 18.7 元/每小时。旧设备动力费为 4.7 元/每小时,新设备动力费为 4.9 元/每小时。基准折现率为 10%,试分析是否应采用新设备 A 更新旧设备 O。

【解】选择旧设备 O 的剩余使用寿命 2 年为研究期,采用年值法计算新旧设备的等额年总成本。

$$AC_O = (18\,000 - 2\,750)(A/P, 10\%, 2) + 2\,750 \times 10\% +$$
$$5.24 \div 100 \times 44\,000 \times (18.7 + 4.7)$$
$$= 63\,013.09$$

$$AC_A = (120\,000 - 12\,000)(A/P, 10\%, 10) + 12\,000 \times 10\% +$$
$$4.22 \div 100 \times 44\,000 \times (18.7 + 4.9)$$
$$= 62\,592.08$$

从以上计算结果可以看出,使用新设备 A 比使用旧设备 O 每年节约 421 元,故应立即用设备 A 更新设备 O。

②市场需求变化引起的设备更新。有时旧设备的更新是由于市场需求增加超过了设备现有的生产能力,这种设备更新分析可通过下面的例子来说明。

【案例 5-6】由于市场需求量增加,某钢铁集团公司高速线材生产线面临两种选择,方案 1 是在保留现有生产线 A 的基础上,3 年后再上一条生产线 B,使生产能力增加一倍;方案 2 是放弃现在的生产线 A,直接上一条新的生产线 C,使生产能力增加一倍。

生产线 A 是 10 年前建造的,其剩余寿命估计为 10 年,到期残值为 100 万元,目前市场上有厂家愿以 700 万的价格收购 A 生产线。生产线今后第一年的经营成本为 20 万元,以后每年等额增加 5 万元。

B 生产线 3 年后建设,总投资 6 000 万元,寿命期为 20 年,到期残值为 1 000 万元,每年经营成本为 10 万元。

C 生产线目前建设,总投资 8 000 万元,寿命期为 30 年,到期残值为 1 200 万元,年运营成本为 8 万元。

基准折现率为 10%,试比较方案 1 和方案 2,设研究期为 10 年。

【解】方案 1 和方案 2 的现金流量如图 5-6 所示。

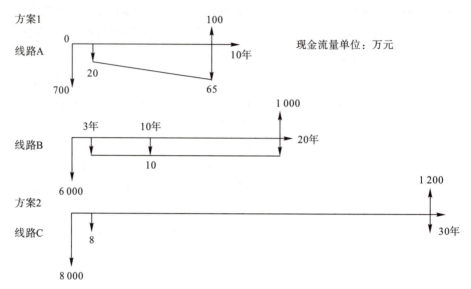

图 5-6　方案 1 和方案 2 的现金流量图

设定研究期为 10 年，各方案的等额年总成本计算如下。

方案 1：

$$AC_A = 700(A/P, 10\%, 10) - 100(A/F, 10\%, 10) + 20 + 5(A/G, 10\%, 10)$$

$$= 700 \times 0.1627 - 100 \times 0.0627 + 20 + 5 \times 3.725$$

$$= 146.25$$

$$AC_B = [6\,000(A/P, 10\%, 20) - 1\,000(A/F, 10\%, 20) + 10] \\ (F/A, 10\%, 7)(A/F, 10\%, 10)$$

$$= [6\,000 \times 0.1175 - 1\,000 \times 0.0175 + 10] \times 9.4872 \times 0.0672$$

$$= 444.68$$

$$AC_1 = 146.25 + 444.68 = 590.93$$

方案 2：

$$AC_C = 8\,000(A/P, 10\%, 30) - 1\,200(A/F, 10\%, 30) + 8 = 849.48$$

$$AC_2 = 849.48$$

从以上比较结果来看，应采用方案 1。

(4) 设备更新方案的综合比较。设备超过最佳期限之后，就存在更新的问题。但陈旧设备直接更换是否必要或是否为最佳的选择，是需要进一步研究的问题。一般而言，对超过最佳期限的设备可以采用以下 5 种处理办法：

① 继续使用旧设备；

②对旧设备进行大修理；

③用原型设备更新；

④对旧设备进行现代化技术改造；

⑤用新型设备更新。

对以上更新方案进行综合比较宜采用"最低总费用现值法"，即通过计算各方案在不同使用年限内的总费用现值，根据预计使用年限，按照总费用现值最低的原则进行方案选优。其计算公式为

$$PC_1 = \frac{1}{\alpha_1}\Big[P_1 + \sum_{j=1}^{n}C_{1j}(P/F,i_c,j) - L_{1n}(P/F,i_c,n)\Big]$$

$$PC_2 = \frac{1}{\alpha_2}\Big[P_2 + \sum_{j=1}^{n}C_{2j}(P/F,i_c,j) - L_{2n}(P/F,i_c,n)\Big]$$

$$PC_3 = \frac{1}{\alpha_3}\Big[P_3 + \sum_{j=1}^{n}C_{3j}(P/F,i_c,j) - L_{3n}(P/F,i_c,n)\Big]$$

$$PC_4 = \frac{1}{\alpha_4}\Big[P_4 + \sum_{j=1}^{n}C_{4j}(P/F,i_c,j) - L_{4n}(P/F,i_c,n)\Big]$$

$$PC_5 = \frac{1}{\alpha_5}\Big[P_5 + \sum_{j=1}^{n}C_{5j}(P/F,i_c,j) - L_{5n}(P/F,i_c,n)\Big]$$

式中：PC_1、PC_2、PC_3、PC_4、PC_5——继续使用旧设备、用原型设备更新、用新型高效设备更新、进行现代化技术改造和进行大修理等方案 n 年内的总费用现值；

P_1、P_2、P_3、P_4、P_5——继续使用旧设备、用原型设备更新、用新型高效设备更新、进行现代化技术改造和进行大修理等方案所需的投资额；

C_{1j}、C_{2j}、C_{3j}、C_{4j}、C_{5j}——继续使用旧设备、用原型设备更新、用新型高效设备更新、进行现代化技术改造和进行大修理等方案在第 j 年的经营成本；

L_{1n}、L_{2n}、L_{3n}、L_{4n}、L_{5n}——继续使用旧设备、用原型设备更新、用新型高效设备更新、进行现代化技术改造和进行大修理后的设备到第 n 年的残值。

α_1、α_2、α_3、α_4、α_5——继续使用旧设备、用原型设备更新、用新型高效设备更新、进行现代化技术改造和进行大修理等方案的生产效率系数，该系数在使用时，可将用原型设备更新方案的生产效率系数定为基准值，即令 $\alpha_2 = 1$。

学习情景六
价值工程在工程建设中的应用

一、学习情景描述

某咨询公司受业主委托,对某设计单位提出的工业厂房三种屋面防水设计方案进行评价。三种方案相关信息如表6-1所示。

表6-1 三种方案相关信息

方案	防水材料名称	防水材料综合单价/(元/m²)	耐久年限/年	拆除费用/(元/m²)
一	三元乙丙橡胶卷材	85.00	15	17
二	SBS改性沥青卷材	68.00	10	13
三	聚氯乙烯卷材	140.00	20	21

从耐久性、质量稳定性、施工难易程度等方面综合考虑,专家对各方案的功能进行打分,其算术平均值分别为三元乙丙橡胶卷材20分,SBS改性沥青卷材18分,聚氯乙烯卷材29分。

拟建厂房的设计使用年限为50年,不考虑最后一次防水材料的拆除费用及残值,不考虑物价变动及通货膨胀因素。基准折现率为8%。根据以上信息考虑资金的时间价值,计算各方案的综合单价现值。并运用价值工程原理选出综合最优方案(计算结果保留两位小数)。

二、学习目标

使学生掌握价值工程的基本概念,了解价值工程的工作程序,掌握提高价值的途径。能够运用价值工程方法解决建筑工程的实际问题,深刻理解价值工程的现代科学管理观念与思想,能够运用适当方法提高产品的价值。

三、获取信息

要完成屋面防水设计方案的评价,我们需要查阅、收集相关资料,了解价值工程的基本概念，价值工程的工作程序，运用价值工程原理解决实际问题的方法等。

1. 价值工程的概念
引导问题1：什么是价值工程？

_____
_____
_____

2. 价值工程的特点
引导问题2：价值工程的特点有哪些？

_____
_____
_____

3. 价值提升的途径
引导问题3：价值工程提高价值的途径有哪些？

_____
_____
_____

4. 价值工程的工作程序
引导问题4：价值工程的工作程序分哪几个阶段？分别包括哪些工作？

_____
_____
_____

引导问题5：价值工程对象选择的方法有哪些？

_____
_____
_____

引导问题6：根据功能的不同特性，可以将功能分为哪几类？

_____
_____
_____

工程经济

引导问题 7：价值工程功能评价的方法有哪些？

___

___

___

引导问题 8：价值工程方案创造的方法有哪些？

___

___

___

引导问题 9：价值工程方案评价分为哪两个阶段？包括哪四个方面的评价？

___

___

___

引导问题 10：价值工程实施阶段要做到哪四个落实？

___

___

___

5. 价值工程在工程建设中的应用

引导问题 11：某房地产公司对某公寓项目的开发征集到若干设计方案，经筛选后对其中较为出色的四个设计方案作进一步的技术经济评价。有关专家决定从五个方面（分别以 F1～F5 表示）对不同方案的功能进行评价，并对各功能的重要性达成以下共识：F2 和 F3 同样重要，F4 和 F5 同样重要，F1 相对于 F4 很重要，F1 相对于 F2 较重要。此后，各专家对该四个方案的功能满足程度分别打分，如表 6-2 所示。

表 6-2 方案功能得分表

功能	方案功能得分			
	A	B	C	D
F1	9	10	9	8
F2	10	10	8	9
F3	9	9	10	9
F4	8	8	8	7
F5	9	7	9	6

据造价工程师估算，A、B、C、D四个方案的单方造价分别为1 420元/m²、1 230元/m²、1 150元/m²、1 360元/m²。

(1)计算各功能指标的权重。
(2)用价值指数法选择最佳设计方案。

_____
_____
_____

引导问题12：某大型综合楼建设项目，现有A、B、C三个设计方案，经造价工程师估算后，各设计方案的基础资料如表6-3所示。

表6-3 各设计方案的基础资料

指标	方案		
	A	B	C
初始投资/万元	4 000	3 000	3 500
年维护费用/(万元/年)	30	80	50
使用年限/年	70	50	60

经专家组确定的评价指标体系为初始投资、年维护费用、使用年限、结构体系、墙体材料、面积系数、窗户类型。各指标的重要程度系数依次为5、3、2、4、3、6、1，各专家对指标打分的算术平均值，如表6-4所示。

表6-4 各设计方案的评价指标得分

指标	方案		
	A	B	C
初始投资/万元	8	10	9
年维护费用/(万元/年)	10	8	9
使用年限/年	10	8	9
结构体系	10	6	8
墙体材料	6	7	7
面积系数	10	5	6
窗户类型	8	7	8

问题(1)：如果不考虑其他评审要素，使用最小年费用法选择最佳设计方案(折现率按10%考虑)。

问题(2)：如果按上述 7 个指标组成的指标体系对 A、B、C 三个设计方案进行综合评审，确定各指标的权重，并用综合评分法选择最佳设计方案。

问题(3)：如果上述 7 个评价指标的后 4 个指标定义为功能项目，寿命期年费用作为成本，试用价值工程方法选择最佳设计方案。

除问题(1)保留两位小数外，其余计算结果均保留三位小数。

四、任务分组

分组任务：将学生按特定数量分组，以小组为单位，进行任务分工，明确工作任务，填写任务分配表，如表 6-3 所示。

表 6-3 学生任务分配表

班级		组号		指导教师	
姓名	学号	分工任务			

五、问题分析

教师针对各小组获取的信息，对学生理解不全面、不透彻的内容进行讲解，并提出指导性意见，学生重新修改引导问题答案。

六、任务实施

学生小组按照等值计算方法，计算各方案的综合单价现值；运用价值工程原理，计算方案的成本指数、功能指数、价值系数，选出综合最优方案。

1. 各方案综合单价现值的确定

建筑工程材料的选用一般从三个方面进行考量：材料的使用性能、材料的工艺性能、材料的经济性能。我们将前两项考虑为功能指标，后一项考虑为成本指标。考虑资金时间价值，计算得知项目各方案的综合单价现值如下：

三元乙丙橡胶卷材综合单价现值$=85+(85+17)\times[(P/F,8\%,15)+(P/F,8\%,30)+(P/F,8\%,45)]=85+102\times(0.315\ 2+0.099\ 4+0.031\ 3)=130.48$

SBS改性沥青卷材综合单价现值$=68+(68+13)\times[(P/F,8\%,10)+(P/F,8\%,20)+(P/F,8\%,30)+(P/F,8\%,40)]=68+81\times(0.463\ 2+0.214\ 5+0.099\ 4+0.046\ 0)=134.67$

聚氯乙烯卷材综合单价现值$=140+(140+21)\times[(P/F,8\%,20)+(P/F,8\%,40)]=140+161\times(0.214\ 5+0.046\ 0)=181.94$

2. 方案成本指数的确定

运用价值工程原理，各方案成本指数＝各方案的综合单价现值/各方案综合单价现值之和。则各方案成本指数为

三元乙丙橡胶卷材方案的成本指数$=130.48/(130.48+134.67+181.94)=0.292$

SBS改性沥青卷材方案的成本指数$=134.67/(130.48+134.67+181.94)=0.301$

聚氯乙烯卷材方案的成本指数$=181.94/(130.48+134.67+181.94)=0.407$

3. 方案功能指数的确定

运用价值工程原理，各方案功能指数＝各方案的功能得分/各方案功能得分之和。则各方案功能指数为

三元乙丙橡胶卷材方案的功能指数$=20/(20+18+29)=0.299$

SBS改性沥青卷材方案的功能指数$=18/(20+18+29)=0.269$

聚氯乙烯卷材方案的功能指数$=29/(20+18+29)=0.433$

4. 方案价值系数的确定

运用价值工程原理，价值系数＝功能指数/成本指数。则各方案价值系数为

三元乙丙橡胶卷材方案的价值系数$=0.299/0.292=1.024$

SBS改性沥青卷材方案的价值系数$=0.269/0.301=0.894$

聚氯乙烯卷材方案的价值系数$=0.433/0.407=1.064$

5. 结论

考虑资金的时间价值，三元乙丙橡胶卷材综合单价现值最低，为经济最优方案。运用价值工程原理，计算得出聚氯乙烯卷材方案的价值系数较大，为综合最优方案。

七、评价反馈

小组组长介绍任务完成情况，进行学生自评，小组互评，结果填写至评价表中，如表6-4所示。

表6-4 学生评价表

班级		姓名		学号	
序号	项目	分值	学生自评打分	小组互评得分	综合得分
1	引导问题填写	60			
2	任务是否按时完成	10			
3	经济学意义理解是否深刻	5			
4	指标计算是否正确	10			
5	评价结果是否准确	5			
6	是否服从指挥，配合其他人员	5			
7	资料上交情况	5			
合计		100			

八、相关知识

（一）价值工程的概念

价值工程又称价值分析，是一种把功能与成本、技术与经济结合起来进行技术经济评价的方法；是以提高产品（或作业）价值和有效利用资源为目的，通过进行有组织的创造性工作，寻求用最低的寿命周

价值工程的概念

期成本,可靠地实现使用者所需功能,以获得最佳的综合效益的一种管理技术。

价值工程把价值定义为,对象所具有的功能与获得该功能的全部费用之比。其计算公式为

$$V = F/C \tag{6-1}$$

式中:V——价值;

F——研究对象的功能,广义讲是指产品或作业的功用和用途;

C——成本,即寿命周期成本(包括生产成本 C_1、使用及维护成本 C_2)。

(二)价值工程的特点

由价值工程的概念可知,价值工程涉及价值、功能和寿命周期成本等三个基本要素,它具有以下特点。

(1)价值工程的目标,是以最低的寿命周期成本,使产品具备它所必须具备的功能。

产品的寿命周期成本由生产成本和使用及维护成本组成。产品生产成本 C_1 是指发生在企业内部的成本,也是用户购买产品的费用,包括产品的科研、实验、设计、试制、生产、销售等费用及税金等;而产品使用及维护成本 C_2 是指用户在使用过程中支付的各种费用的总和,它包括使用过程中的能耗费用、维修费用、人工费用、管理费用等,有时还包括报废拆除所需费用(扣除残值)。

在一定范围内,产品的生产成本与使用及维护成本存在此消彼长的关系。随着产品功能水平提高,产品的生产成本 C_1 增加,使用及维护成本 C_2 降低;反之,产品功能水平降低,其生产成本 C_1 降低但是使用及维护成本 C_2 增加。因此,当功能水平逐步提高时,寿命周期成本 $C = C_1 + C_2$,呈马鞍形变化,如图 6-1 所示。

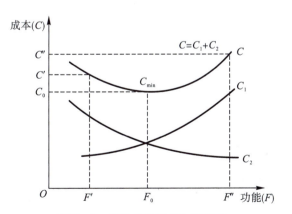

图 6-1 产品功能与成本的关系

在 F' 点,产品功能较少,此时虽然生产成本较低,但由于不能满足使用者的基本需要,使用及维护成本较高,因而使用寿命周期成本较高;在 F'' 点,虽然使用及维护

成本较低，但由于存在着多余的功能，因而生产成本过高，同样寿命周期成本也较高。只有在 F_0 点，产品功能满足用户的需求，产品成本 C_1 和使用及维护成本 C_2 两条曲线叠加所对应的寿命周期成本为最小值 C_{min}，体现了比较理想的功能与成本的关系。由此可见，工程产品的寿命周期成本与其功能是辩证统一的。寿命周期成本的降低，不仅关系到生产企业的利益，同时也满足用户的要求并与社会节约程度密切相关。因此，价值工程的活动应贯穿于生产和使用的全过程，要兼顾生产者和用户的利益，以获得最佳的社会综合效益。

(2)价值工程的核心，是对产品进行功能分析。价值工程中的功能是指对象能够满足某种要求的一种属性，具体来说功能就是某种特定效能、功用或效用。对于一个具体的产品来说，"它是干什么用的？"这个答案就是产品的功能。任何产品都具备相应的功能。假如产品不具备功能则产品就会失去存在的价值。例如，手表有计时、显时的功能，电冰箱具有冷藏、冷冻的功能，住宅的功能是提供居住空间等。用户向生产企业购买产品，是要求生产企业提供这种产品的功能，而不是产品的具体结构。企业生产的目的，也是通过生产获得用户所期望的功能，而结构、材质等是实现这些功能的手段，目的是主要的，手段可以广泛选择。因此，价值工程分析产品，首先不是分析它的结构，而是分析它的功能，是在分析功能的基础之上，再去研究结构、材质等问题，以达到保证用户所需功能的同时降低成本，实现价值提高的目的。

(3)价值工程将产品价值、功能和成本作为一个整体同时来考虑。在现实中，人们一般对产品(或作业)有"性价比"的要求，希望产品(或作业)能够物美价廉。"物美"就是反映产品(或作业)的性能和质量水平，即功能水平；"价廉"就是反映产品(或作业)的成本水平。价值工程并不是单纯追求低成本，也不片面追求高功能、多功能，而是力求正确处理好功能与成本的对立统一关系，提高它们之间的比值，研究产品功能和成本的最佳配置。因此，价值工程对价值、功能、成本的考虑，不是片面和孤立的，而是在确保产品功能的基础上综合考虑生产成本和使用及维护成本，兼顾生产者和用户的利益，创造出总体价值最高的产品。

(4)价值工程强调不断改革和创新。价值工程强调不断改革和创新，开拓新构思和新途径，获得新方案，创造新功能载体，从而简化产品结构，节约原材料，提高产品的技术经济效益。

(5)价值工程要求将功能定量化。价值工程要求将功能定量化，即将功能转化为能够与成本直接相比的量化值。

(6)价值工程是以集体智慧开展的有计划、有组织、有领导的管理活动。

由于价值工程研究的问题涉及产品的整个寿命周期，涉及面广，研究过程复杂，如提高产品价值涉及产品的设计、生产、采购和销售等过程。这不能靠个别人员和个别部门，而要经过许多部门和人员的配合，才能收到良好的效果。因此，企业在开展价值工程活动时，必须集中人才，要组织科研、设计、生产、管理、采购、供销、财务,甚至用户等各方面有经验的人员参加,以适当的组织形式组成一个智力结构合理的集体,共同研究,发挥集体智慧、经验和积极性,排除片面性和盲目性,博采众长,有计划、有领导、有组织地开展活动,以达到提高方案价值的目的。

(三)价值提升的途径

由于价值工程以提高产品价值为目的,这既是用户的需要,又是生产经营者追求的目标,两者的根本利益是一致的。因此,企业应当研究产品功能与成本的最佳匹配。价值工程的基本原理公式 $V=F/C$,不仅深刻地反映出产品价值与产品功能和实现此功能所耗成本之间的关系,而且也为如何提高价值提供了以下五种途径。

价值提升的途径

1. 双向型

提高功能,降低成本:

$$V\uparrow\uparrow = \frac{F\uparrow}{C\downarrow}$$

在提高产品功能的同时,又降低产品成本,这是提高价值最为理想的途径,也是对资源最有效的利用。但对生产者要求较高,往往要借助技术的突破和管理的改善才能实现。

例如:重庆的城市交通,开启了跨座式单轨的时代。根据重庆的城市特点,引进了梁轨一体化的构造,决定了施工要求的高精度,同时面临易造成工程返工甚至PC轨道梁报废的难题。在国外长期以来均采用"先墩后梁"的模式组织建设,其缺点是建设周期太长。为实现建设目标,重庆轻轨在项目上打破常规:成功运用了"缴梁并举"的技术与管理模式,大幅缩短了工期(仅有4年工期,远少于常规7~10年的工期);各项精度水平均有大幅提高,确保了建设质量;减少了资金积压时间,降低了工程融资成本,降低了工程总造价;减少了占用城市道路施工的时间,方便了市民出行;减少了堵车,既节省宝贵的资源,又降低了环境污染。

2. 改进型

成本不变,提高功能:

$$V\uparrow = \frac{F\uparrow}{C}$$

在产品成本不变的条件下,通过改进设计,提高产品的功能,提高利用资源的成果或效用(如提高产品的性能、可靠性、寿命、维修性),增加某些用户希望的功能等,达到提高产品价值的目的。

例如:人防工程,若仅仅考虑战时的隐蔽功能,平时闲置不用,将需要投入大量的人力、财力予以维护。若在设计时,考虑战时能发挥隐蔽功能,平时能发挥多种功能，则可将人防工程平时利用为地下商场、地下停车场等。这些都大大提高了人防工程的功能，并增加了经济效益。

3. 节约型

功能不变，降低成本：

$$V\uparrow = \frac{F}{C\downarrow}$$

在保持产品功能不变的前提下，通过降低成本达到提高价值的目的。从发展趋势上说，科学技术水平以及劳动生产率是在不断提高的，因此消耗在某种功能水平上的产品或系统的费用应不断降低。新设计、新材料、新结构、新技术、新的施工方法和新型高效管理方法，无疑会提高劳动生产率，在功能不发生变化的条件下，降低产品或系统的费用。

例如：某市一电影院，由于夏季气温高，需设计空调系统降温，以满足人们舒适度的要求。经过相关人员价值分析，决定采用人防地道风降温系统替代机械制冷系统。该系统实施后，在满足电影院空调要求的前提下，不仅降低了造价，而且节约了运行费和维修费。

4. 投资型

成本小幅度增加，功能大幅度增加：

$$V\uparrow = \frac{F\uparrow\uparrow}{C\uparrow}$$

投资型即成本虽然增加了一些，但功能的提高超过了成本的提高，因此价值还是提高了。

例如：电视塔的主要功能是发射电视和广播节目，若只考虑塔的单一功能，塔建成后只能作为发射电视和广播节目，每年国家还要拿出数百万元对塔及内部设备进行维护和更新，经济效益差。但从价值工程应用来看，若利用塔的高度，在塔上部增加综合利用机房，可为气象、环保、交通、消防、通信等部门服务，还可在塔的上部增加观景厅和旋转餐厅等。工程造价虽增加了一些，但功能大增，每年的综合服务和游览收入显著增加，既可加快投资回收，又可实现"以塔养塔"。

5. 牺牲型

功能小幅度降低，成本大幅度降低：

$$V\uparrow = \frac{F\downarrow}{C\downarrow\downarrow}$$

在产品功能略有下降、产品成本大幅度降低的情况下，也可达到提高产品价值的目的。这是一种灵活的企业经营策略，去除一些用户不需要的功能，从而较大幅度地降低费用，能够更好地满足用户的要求。

例如：老年人手机在保证接听拨打电话这一基本功能的基础上，根据老年人的实际需求，采用保留或增加有别于普通手机的大字体、大按键、大音量、一键亲情拨号、收音机、一键求救、手电筒、监护定位、助听等功能，减少普通手机的办公、游戏、拍照、多媒体娱乐、数据应用等功能，从总体来看老年手机功能比普通手机降低了些，但仍能满足老年顾客对手机特定功能的要求，而整体生产成本却大大地降低了。在实际中，对这种牺牲型途径要持慎重态度。

总之，在产品形成的各个阶段都可以应用价值工程提高产品的价值。但在不同的阶段进行价值工程活动，其经济效果的提高幅度却是大不相同的。对于建设工程，应用价值工程的重点是在规划和设计阶段，因为这两个阶段是提高技术方案经济效果的关键环节。一旦设计完成并施工，建设工程的价值就基本决定了，这时再进行价值工程分析就变得更加复杂，不仅原来的许多工作成果要付诸东流，而且可能会造成很大的浪费，使价值工程活动的技术经济效果大大下降。当然，在施工阶段建造师也可开展大量价值工程活动，以寻求技术、经济、管理的突破，获得最佳的综合效果。如对施工项目展开价值工程活动，可以更加明确业主的要求，更加熟悉设计要求、结构特点和项目所在地的自然地理条件，从而更有利于施工方案的制订，更能有效地组织和控制项目施工；通过价值工程活动，可以在保证质量的前提下，为用户节约投资，提高功能，降低寿命周期成本，从而赢得业主的信任，有利于甲乙双方关系的和谐与协作，同时提高自身的社会知名度，增强市场竞争能力；通过对施工项目进行价值工程活动，对提高项目组织的素质，改善内部组织管理，降低不合理消耗等，也有积极的直接影响。

目前，价值工程在我国建筑业中的应用还处于比较初级的阶段。但从世界范围来看，建筑业一直是价值工程实践的热点领域，究其原因是它能适应建筑业发展的自身需求，在降低工程成本、保证业主投资效益方面具有显著的功效。根据美国建筑业应用价值工程的统计结果表明：一般情况下应用价值工程可以降低整个建设项目初始投资 $5\%\sim10\%$，同时可以降低项目建成后的运行费用 $5\%\sim10\%$。在某些情况下这一节约的比例更是可以高达 35% 以上，而整个价值工程研究的投入经费仅为项目建设成本的 $0.1\%\sim0.3\%$。因此，推动价值工程在我国建筑业中的发展和应用，不仅可以获得良好的经济效益，而且也可以提高我国建筑业的整体经营管理水平。

(四)价值工程的工作程序

价值工程也像其他技术一样具有自己独特的一套工作程序。在工程建设中，价值工程的工作程序，实质就是针对工程产品(或作业)的功能和成本提出问题、分析问题、解决问题的过程。价值工程的工作程序如表 6-5 所示。

表 6-5 价值工程的工作程序

工作阶段	设计程序	工作步骤		对应问题
		基本步骤	详细步骤	
准备阶段	制订工作计划	确定目标	1. 工作对象选择	1. 价值工程的研究对象是什么
			2. 信息资料搜集	
分析阶段	功能评价	功能分析	3. 功能定义	2. 这是干什么用的
			4. 功能整理	
		功能解析	5. 功能成本分析	3. 成本是多少
			6. 功能评价	4.(可生产)价值是多少
			7. 确定改进范围	
创新阶段	初步设计	制订创新方案	8. 方案创造	5. 有无其他方法实现同样功能
	评价各设计方案，改进、优化方案		9. 概略评价	6. 新方案的成本是多少
			10. 调整完善	
			11. 详细评价	
	方案书面化		12. 提出方案	7. 新方案能满足功能的要求吗
实施阶段	检查实施情况并评价活动成果	方案实施与成果评价	13. 方案审批	8. 偏离目标了吗
			14. 方案实施与检查	
			15. 成果评价	

1. 价值工程准备阶段

(1)对象选择。在工程建设中，并不是对所有的工程产品(或作业)都进行价值分析，而是主要根据企业的发展方向、市场预测、用户反映、存在问题、薄弱环节，以及提高劳动生产率、提高质量，降低成本等方面来选择分析对象的。因此，价值工程的对象选择过程就是收缩研究范围的过程，最后明确分析研究的目标，即主攻方向。一般说来，从以下几方面考虑价值工程对象的选择。

①从设计方面看，对结构复杂、性能和技术指标差、体积和重量大的工程产品进行价值工程活动，可使工程产品结构、性能、技术水平得到优化，从而提高工程产品价值。

②从施工生产方面看，对量大面广、工序烦琐、工艺复杂、原材料和能源消耗高、质量难以保证的工程产品，进行价值工程活动可以最低的寿命周期成本可靠地实现必要功能。

③从市场方面看，选择用户意见多和竞争力差的工程产品进行价值工程活动，以赢得消费者的认同，占领更大的市场份额。

④从成本方面看，选择成本高或成本比重大的工程产品进行价值工程活动，可降低工程产品成本。

价值工程对象选择的方法有很多种，不同方法适宜于不同的价值工程对象，根据企业条件选用适宜的方法，就可以取得较好效果。常用的方法有因素分析法、ABC分析法、强制确定法、百分比分析法、价值指数法等。

①因素分析法。因素分析法又称经验分析法，它是凭借分析人员的经验，经过主观判断确定价值工程对象的一种方法。它是一种定性分析法，价值工程对象选择的正确与否主要取决于分析者的水平、经验及态度。此种方法简便易行，但是缺乏定量依据，因此应该挑选经验丰富的人员，通过集体研究，共同确定价值工程的对象。

②百分比分析法。百分比法即按某种费用或资源在不同项目中所占的比重大小来选择价值工程对象的方法。某施工企业各项目部成本利润百分比法分析表如表6-6所示。

表6-6 某施工企业各项目部成本利润百分比法分析表

项目部名称	A	B	C	D	E	合计
成本比重/%	50	24	13	10	3	100
利润构成比重/%	55	23	7	11	4	100

从表6-9中可以看出，项目C的成本比较高，但是在利润构成中所占比重程度比较低，所以应该作为价值工程的对象。

③ABC分析法。ABC分析法就是"区别主次，分类管理"的体现。它将管理对象分为A、B、C三类，以A类作为重点管理对象。其关键在于区别"一般的多数"和"关键的少数"。ABC分析法主要是按照局部成本在总成本中比重的大小来选定价值工程对象的方法。A、B、C三类数量成本比重如表6-7所示。

表6-7 A、B、C三类数量成本比重

类别	成本比重/%	数量比重/%
A	70~80	10~20
B	20	20
C	10~20	70~80

从表中可以看出，A类对象成本比重高，数量少，属于"关键的少数"，就是我们价值工程的对象。同时还可以绘制A、B、C三类对象的分析曲线图，如图6-2所示。

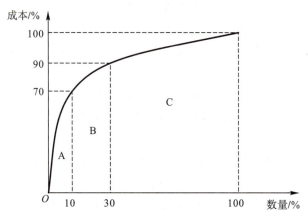

图 6-2 ABC 分析法曲线分布图

④强制确定法。强制确定法是将产品的零部件、工序等构成产品的各部分功能的重要性进行一一对比,用强制打分的方式,来计算各零件的功能重要性系数,达到将价值定量化的目的。具体步骤如下:

a. 计算功能重要性系数。

$$功能重要性系数 = \frac{某构配件的功能重要性得分}{全部构配件的功能重要性得分的总数} \quad (6-2)$$

b. 计算成本系数。

$$成本系数 = \frac{某构配件的现实成本}{产品现实总成本} \quad (6-3)$$

c. 计算价值系数。

$$价值系数 = \frac{某构配件的功能重要性}{某构配件的成本系数} \quad (6-4)$$

d. 根据价值系数确定价值工程对象。价值系数的计算结果有三种情况:价值系数大于1,说明该构配件功能比较重要,但分配的成本较少,应具体分析,可能功能与成本分配已较理想,或者有不必要的功能,或者应该提高成本;价值系数小于1,说明该构配件分配的成本很多,而功能要求不高,应该作为价值工程活动的研究对象,功能不足则应提高功能,成本过高应着重从各方面降低成本,使成本与功能比例趋于合理;价值系数等于1,说明该构配件功能与成本匹配,从而不作为价值工程活动的选择对象。

应注意一个情况,价值系数等于0时,要进一步分析,如果是不必要的功能,该构配件则取消;但如果是最不重要的必要功能,要根据实际情况处理。

【案例 6-1】已知某产品的构配件为 A、B、C、D、E,现组织 6 人对各构配件进行打分,确定价值工程的对象,打分情况如表 6-11 所示。

【解】每个人根据自己的判断对各构配件的重要性进行两两比较并对其进行打分、

汇总，据此计算功能重要性系数。其中某一人的打分结果如表6-11所示。

表6-11　某一人的打分结果

构配件	A	B	C	D	E	实际得分值
A	—	1	1	0	1	3
B	0	—	1	0	1	2
C	0	0	—	1	1	2
D	1	1	0	—	0	2
E	0	0	0	1	—	1
总分						10

同样的方法，可得到其他6个人的重要性评价打分结果，并可计算功能系数，如表6-12所示。

表6-12　功能重要性系数表

构配件	评价人员						得分合计	功能重要性系数
	一	二	三	四	五	六		
A	3	3	2	4	4	3	19	0.32
B	2	2	2	3	2	3	14	0.23
C	2	1	1	0	1	2	7	0.12
D	2	3	4	2	3	1	15	0.25
E	1	1	1	1	0	1	5	0.08
合计							60	1

根据功能重要性系数和成本系数，就可计算价值系数，如表6-13所示。

表6-13　价值系数计算表

构配件	功能重要性系数	成本系数		价值系数	价值工程对象
		成本/万元	系数		
A	0.32	150	0.31	1.03	
B	0.23	100	0.21	1.09	
C	0.12	55	0.11	1.09	E构配件作为价值工程对象
D	0.25	110	0.23	1.09	
E	0.08	65	0.14	0.57	
合计	1	480	1		

从以上分析可以看出，对产品构配件进行价值分析，就是使每个零件的价值系数尽可能趋近于 1。

强制确定法从功能和成本两方面综合考虑，适用简便，不仅能明确揭示出价值工程的研究对象所在，而且具有数量概念。但这种方法是人为打分，不能准确反映功能差距的大小，只适用于零件间功能差别不太大且比较均匀的对象，而且一次分析的零件数目也不能太多，以不超过 10 个为宜。在零部件很多时，可以先用 ABC 分析法、经验分析法选出重点零件，再用强制确定法细选。

(2)信息资料收集。价值工程所需的信息资料，应视具体情况而定。对于一般工程产品(或作业)分析来说，应收集以下几方面的信息资料。

①用户方面的信息资料。如用户性质、经济能力；使用产品的目的、使用环境、使用条件；所要求的功能和性能；对产品外观要求，如造型、体积、色彩等；对产品价格、交货期、构配件供应、技术服务等方面的要求等。

②市场方面的信息资料。如产品产销量的演变及目前产销情况、市场需求量及市场占有率的预测；产品竞争的情况，目前有哪些竞争企业和产品，其产量、质量、价格、销售服务、成本、利润、经营特点、管理水平等情况；同类企业和同类产品的发展计划、拟增投资额、规模大小、重新布点、扩建改建或合并调整情况等。

③技术方面的信息资料。如与产品有关的学术研究或科研成果、新结构、新工艺、新材料、新技术，以及标准化方面的资料；该产品研制设计的历史及演变、本企业产品及国内外同类产品有关的技术资料等。

④经济方面的信息资料。这类资料包括产品及构配件的工时定额、材料消耗定额、机械设备定额、各种费用定额、企业历年来各种有关成本费用数据、国内外其他厂家与价值工程对象有关的成本费用资料等。

⑤本企业的基本资料。这类资料包括企业的内部供应、生产、组织，以及产品成本等方面的资料，如生产批量、生产能力、施工方法、工艺装备、生产节拍、检验方法、废次品率、运输方式等。

⑥环境保护方面的信息资料。这类资料包括环境保护的现状("三废"状况、处理方法和国家法规标准)；改善环境和劳动条件(减少粉尘、有害液体和气体外泄，减少噪声污染，减轻劳动强度，保障人身安全等相关信息等)。

⑦外协方面的信息资料。如原材料及外协或外购件种类、质量、数量、交货期、价格、材料利用率等情报；供应与协作部门的布局、生产经营情况、技术水平价格、成本、利润等；运输方式及运输经营情况等。

⑧政府和社会有关部门的法规、条例等方面的信息资料。

信息资料的收集不是一项简单的工作，应收集何种信息资料很难完全列举出来。收集的信息资料要求准确可靠，并且要求经过归纳、鉴别、分析、整理，剔除无效资料，使用有效资料，以利于价值工程活动的分析研究。

2. 价值工程分析阶段

价值工程分析阶段主要工作是功能定义、功能整理与功能评价。

（1）功能定义。任何产品都具有使用价值，即任何产品的存在是由于它们具有能满足用户所需求的特有功能，这是存在于产品中的一种本质。人们购买产品的实质是为了获得产品的功能。

价值工程分析阶段

①按功能的重要程度分类，产品的功能一般可分为基本功能和辅助功能。

基本功能就是要达到这种产品的目的所必不可少的功能，是产品的主要功能，如果不具备这种功能，这种产品就失去其存在的价值。例如承重外墙的基本功能是承受荷载，室内间壁墙的基本功能是分隔空间。基本功能一般可以产品基本功能的作用为什么是必不可少的，其重要性如何表达，其作用是不是产品的主要目的，如果作用变化了则相应的工艺和构配件是否要改变等方面来确定。

辅助功能是为了更有效地实现基本功能而添加的功能，是次要功能，是为了实现基本功能而附加的功能。如墙体的隔声、隔热就是墙体的辅助功能。辅助功能可以从它是不是对基本功能起辅助作用，它的重要性和基本功能的重要性相比是不是起次要作用等方面来确定。

②按功能的性质分类，功能可划分为使用功能和美学功能。

使用功能从功能的内涵上反映其使用属性（包括可用性、可靠性、安全性、易维修性等），如住宅的使用功能是提供人们"居住的空间功能"，桥梁的使用功能是交通，使用功能最容易为用户所了解。而美学功能是从产品外观（造型、形状、色彩、图案等）反映功能的艺术属性。无论是使用功能和美学功能，它们都是通过基本功能和辅助功能来实现的。产品的使用功能和美学功能要根据产品的特点而有所侧重。有的产品应突出其使用功能，例如地下电缆、地下管道等；有的应突出其美学功能，例如墙纸、陶瓷壁画等。当然，有的产品如房屋建筑、桥梁等，二者功能兼而有之。

③按用户的需求分类，功能可分为必要功能和不必要功能。

在价值工程分析中，功能水平是功能的实现程度。但并不是功能水平越高就越符合用户的要求，价值工程强调产品的功能水平必须符合用户的要求。必要功能就是指用户所要求的功能及与实现用户所需求功能有关的功能，使用功能、美学功能、基本功能、辅助功能等均为必要功能；不必要功能是指不符合用户要求的功能。不必要的功能包括三类：一是多余功能，二是重复功能，三是过剩功能。不必要的功能必然产生不必要的费用，这不仅增加了用户的经济负担，而且还浪费资源。因此，价值工程的功能一般是指必要功能，即充分满足用户必不可少的功能要求。

④按功能的量化标准分类，产品的功能可分为过剩功能与不足功能。

过剩功能是指某些功能虽属必要，但满足需要有余，在数量上超过了用户要求或标准功能水平，这将导致成本增加，给用户造成不合理的负担。不足功能是相对于过剩功能而言的，表现为产品整体功能或构配件功能水平在数量上低于标准功能水平，不能完全满足用户需求，将影响产品正常安全使用，最终也将给用户造成不合理的负担。因此，不足功能和过剩功能要作为价值工程的对象，通过设计进行改进和完善。

⑤按总体与局部分类，产品的功能可划分为总体功能和局部功能。

总体功能和局部功能是目的与手段的关系，产品各局部功能是实现产品总体功能的基础，而产品的总体功能又是产品各局部功能要达到的目的。

⑥按功能整理的逻辑关系分类，产品功能可以分为并列功能和上下位功能。

并列功能是指产品功能之间属于并列关系，如住宅必须具有遮风、避雨、保温、隔热、采光、通风、隔声、防潮、防火、防震等功能，这些功能之间是属于并列关系的。上下位功能是目的与手段的关系，上位功能是目的性功能，下位功能是实现上位功能的手段性功能。如住宅的最基本功能是居住，是上位功能；而上述所列的并列功能则是实现居住目的所必需的下位功能。但上下位关系是相对的，如为达到居住的目的必须通风。则居住是目的，是上位功能；通风是手段，是下位功能。而为了通风必须组织自然通风，则通风又是目的，是上位功能；组织自然通风是手段，是下位功能。

上述功能的分类不是功能分析的必要步骤，而是用以分辨确定各种功能的性质、关系和其重要的程度。价值工程正是抓住产品功能这一本质，通过对产品功能的分析研究，正确、合理地确定产品的必要功能，消除不必要功能，加强不足功能，削弱过剩功能，改进设计，降低产品成本。因此，可以说价值工程是以功能为中心，在可靠地实现必要功能的基础上来考虑降低产品成本的。

功能定义就是根据收集到的信息资料，透过对象产品或构配件的物理特征（或现象），找出其效用或功用的本质，并逐项加以区分和规定，以简洁的语言描述出来。通常用一个动词加一个名词表述，如传递荷载、分隔空间、保温、采光等。这里要求描述的是产品的"功能"，而不是对象的结构、外形或材质。因此，对产品功能进行定义，必须对产品的作用有深刻的认识和理解。

功能定义的目的：

①明确对象产品和组成产品各构配件的功能，借以弄清产品的特性。

②便于进行功能评价，通过评价弄清哪些是价值低的功能和有问题的功能，实现价值工程的目的。

③便于构思方案，对功能下定义的过程实际上也是为对象产品改进设计的构思过程，为价值工程的方案创造工作阶段作了准备。

（2）功能整理。产品中各功能之间都是相互配合、相互联系的，都在为实现产品的整体功能而发挥各自的作用。功能整理是用系统的观点将已经定义了的功能加以系统化，找出各局部功能相互之间的逻辑关系是并列关系还是上下位关系，并用图表形式表达（如图6-3所示），以明确产品的功能系统，从而为功能评价和方案构思提供依据。

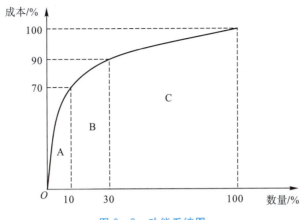

图 6-3 功能系统图

(3)功能评价。功能评价是在功能定义和功能整理完成之后，在已定性确定问题的基础上进一步作定量的确定，即评定功能的价值。功能价值 V 的计算方法可分为两大类，即功能成本法与功能指数法。下面仅介绍功能成本法。

①功能评价的程序。价值工程的成本有两种，一种是现实成本，是指目前的实际成本；另一种是目标成本。功能评价就是找出实现功能的最低费用作为功能的目标成本，以功能目标成本为基准，通过与功能现实成本的比较，求出两者的比值（功能价值）和两者的差异值（改善期望值），然后选择功能价值低、改善期望值大的功能作为价值工程活动的重点对象。功能评价的程序如图 6-4 所示。

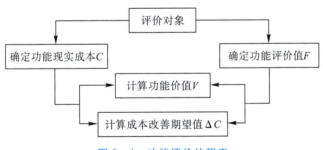

图 6-4 功能评价的程序

②功能现实成本 C 的计算。功能现实成本的计算与一般传统的成本核算既有相同点，也有不同之处。两者在成本费用的构成项目上是完全相同的；而两者的不同之处在于功能现实成本的计算是以对象的功能为单位，而传统的成本核算是以产品或构配件为单位。因此，在计算功能现实成本时，就需要根据传统的成本核算资料，将产品或构配件的现实成本换算成功能的现实成本。具体地讲，当一个构配件只具有一个功能时，该构配件的成本就是它本身的功能成本；当一项功能由多个构配件共同实现时，该功能的成本就等于这些构配件的成本之和。当一个构配件具有多项功能或同时与多

项功能有关时,就需要将构配件成本分摊给各项有关功能,至于分摊的方法和分摊的比例,可根据具体情况决定。

③功能评价值 F 的计算。对象的功能评价值 F(目标成本),是指可靠地实现用户要求功能的最低成本,可以根据图纸和定额,也可根据国内外先进水平或根据市场竞争的价格等来确定。它可以理解为是企业有把握,或者说应该达到的实现用户要求功能的最低成本。从企业目标的角度来看,功能评价值可以看成是企业预期的、理想的成本目标值,常用功能重要性系数评价法计算。

④计算功能价值 V,分析成本功能的合理匹配程度。应用功能成本法计算功能价值 V,是通过一定的测算方法,测定实现应有功能所必须消耗的最低成本,同时计算为实现应有功能所耗费的现实成本,经过分析、对比,求得对象的价值系数和成本降低期望值,确定价值工程的改进对象。其表达式如下:

$$V_i = F_i / C_i \tag{6-5}$$

式中:V_i——第 i 个评价对象的价值系数;

F_i——第 i 个评价对象的功能评价值(目标成本);

C_i——第 i 个评价对象的现实成本。

例如,某项目施工方案 A 的生产成本为 500 万元;在相同条件下,其他项目生产成本为 450 万元。则

施工方案 A 功能评价值:450 万元;

施工方案 A 功能的实际投入:500 万元;

施工方案 A 的价值:450/500＝0.9。

如果施工方案 B 花费 450 万元能完成该项目施工,则

施工方案 B 功能评价值:450 万元;

施工方案 B 功能的实际投入:450 万元;

施工方案 B 的价值:450/450＝1。

可以看出,最恰当的价值应该为 1,因为满足用户要求的功能最理想最值得的投入是与实际投入一致。但在一般情况下价值往往小于 1,因为技术不断进步,"低成本"战略将日趋被重视,竞争也将更激烈。随之,同一产品的功能评价值也将降低。

根据式 $V_i = F_i / C_i$,功能的价值系数有以下几种结果:

$V_i = 1$,表示功能评价值等于功能现实成本。这表明评价对象的功能现实成本与实现功能所必需的最低成本大致相当,说明评价对象的价值为最佳,一般无须改进。

$V_i < 1$,此时功能现实成本大于功能评价值。这表明评价对象的现实成本偏高,而功能要求不高,一种可能是存在着过剩的功能;另一种可能是功能虽无过剩,但实现功能的条件或方法不佳,以致使实现功能的成本大于功能的实际需要。

$V_i > 1$,说明该评价对象的功能比较重要,但分配的成本较少,即功能现实成本低于功能评价值。对这种情况应具体分析,可能功能与成本分配已较理想,或者有不必

要的功能，或者应该提高成本。

$V=0$，一般只有分子为 0，或分母为 ∞ 时，才会出现 $V=0$。根据上述对功能评价值 F 的定义，分子不应为 0，而分母也不会为 ∞，因此，对这种情况要进一步分析。如果是不必要的功能，则取消该评价对象；但如果是最不重要的必要功能，要根据实际情况处理。

⑤确定价值工程对象的改进范围。从以上分析可以看出，对产品进行价值分析，就是使产品每个构配件的价值系数尽可能趋近于 1。为此，确定的改进对象有以下几种。

a. F_i/C_i 值低的功能。计算出来的 $V_i<1$ 的功能区域，基本上都应进行改进，特别是 V_i 值比 1 小得较多的功能区域，力求使 $V_i=1$。

b. $\Delta C_i=C_i-F_i$ 值大的功能。ΔC_i 是成本降低期望值，也是成本应降低的绝对值。当 n 个功能区域的价值系数同样低时，就要优先选择 ΔC_i 数值大的功能区域作为重点对象。

c. 复杂的功能。复杂的功能区域，说明其功能是通过很多构配件（或作业）来实现的，通常复杂的功能区域其价值系数也较低。

d. 问题多的功能。尽管在功能系统图上的任何一级改进都可以达到提高价值的目的，但是改进的多少、取得效果的大小却是不同的。越接近功能系统图的末端，改进的余地越小，越只能作结构上的小变化；相反，越接近功能系统图的前端，功能改进就可以越大，就越有可能作原理上的改变，从而带来显著效益。

3. 价值工程创新阶段

（1）方案创造。方案创造是从提高对象的功能价值出发，在正确的功能分析和评价的基础上，针对应改进的具体目标，通过创造性的思维活动，提出能够可靠地实现必要功能的新方案。

方案创造的理论依据是功能载体具有替代性。方案创造的方法很多，如头脑风暴法、歌顿法（模糊目标法）、专家意见法（德尔菲法）、专家检查法等。总的精神是要充分发挥各有关人员的智慧，集思广益，多提方案，从而为评价方案创造条件。

（2）方案评价。方案评价是在方案创造的基础上对若干新构思的方案进行技术、经济、社会和环境效果等方面的评价，以便于选择最佳方案。方案评价分为概略评价和详细评价两个阶段。

概略评价是对新构思方案进行初步研究，其目的是从众多的方案中进行粗略的筛选，以减少详细评价的工作量，使精力集中于优秀方案的评价。

详细评价是对经过筛选后的少数方案再具体化，通过进一步的调查、研究和评价，最后选出最令人满意的方案。其评价结论是方案审批的依据。

方案评价不论概略评价和详细评价都包括技术评价、经济评价、社会评价和环境评价四方面。其中，技术评价围绕功能进行，内容是方案能否实现所需功能及实现程度，包括功能实现程度（性能、质量、寿命等）、可靠性、可维修性、可操作性、安全性、系统协调性、环境协调性等。经济评价围绕经济效果进行，内容是以成本为代表的经济可行性，包括费用的节省、对企业或公众产生的效益，同时还应考虑产品的市场情况、同类竞争企业、竞争产品、产品盈利的多少和能保持盈利的年限。社会评价围绕社会效果进行，内容是方案对社会有利或有害的影响。环境评价围绕环境效果进行，内容是方案对环境的影响，如污染、噪声、能源消耗等。最后进行综合评价，选出最佳方案。

4. 价值工程实施阶段

通过综合评价选出的方案，送决策部门审批后便可实施。为了保证方案顺利实施，应做到四个落实：

(1)组织落实，即要把具体的实施方案落实到职能部门和有关人员。
(2)经费落实，即要把实施方案所需经费的来源和使用安排落实好。
(3)物质落实，即要把实施方案所需的物资、装备等落实好。
(4)时间落实，即要把实施方案的起止时间及各阶段的时间妥善安排好。

在方案实施过程中，应该对方案的实施情况进行检查，发现问题及时解决。方案实施完成后，要进行总结评价和验收。

(五)价值工程在工程建设中的应用

【案例6-2】承包商B在某高层住宅楼的现浇楼板施工中，拟采用钢木组合模板体系或小钢模体系施工。经有关专家讨论，决定从模板总摊销费用F1、楼板浇筑质量F2、模板人工费F3、模板周转时间F4、模板装拆便利性F5五个技术经济指标对该两个方案进行评价，并采用0～1评分法对各技术经济指标的重要程度进行评分，其部分结果列于表6-14中，两方案各技术经济指标的得分如表6-15所示。

价值工程在工程中的应用

经造价工程师估算，钢木组合模板在该工程的总摊销费用为40万元，每平方米楼板的模板人工费为8.5元；小钢模在该工程的总摊销费用为50万元，每平方米楼板的模板人工费为6.8元。该住宅楼的楼板工程量为2.5万平方米。

表6-14 两方案各技术经济指标重要程度评分表

指标	F1	F2	F3	F4	F5
F1	—	0	1	1	1
F2	—	—	1	1	1
F3	—	—	—	0	—
F4	—	—	—	—	1
F5	—	—	—	—	—

学习情景六
价值工程在工程建设中的应用

表 6-15 两方案各技术经济指标得分表

指标	方案	
	钢木组合模板	小钢模
总摊销费用	10	8
楼板浇筑质量	8	10
模板人工费	8	10
模板周转时间	10	7
模板装拆便利性	10	9

（1）试确定各技术经济指标的权重（计算结果保留三位小数）。

（2）若以楼板工程的单方模板费用作为成本比较对象，试用价值指数法选择较经济的模板体系（功能指数、成本指数、价值指数的计算结果均保留三位小数）。

（3）若该承包商准备参加另一幢高层办公楼的投标，为提高竞争能力，公司决定模板总摊销费用仍按本住宅楼考虑，其他有关条件均不变。该办公楼的现浇楼板工程量至少要达到多少平方米才应采用小钢模体系（计算结果保留两位小数）？

【解】（1）确定各技术经济指标的权重。根据 0~1 评分法的计分办法，两指标（或功能）相比较时，较重要的指标得 1 分，另一较不重要的指标得 0 分。例如，在表 6-14 中，F1 相对于 F2 较不重要，故得 0 分（已给出），而 F2 相对于 F1 较重要，故应得 1 分（未给出）。各技术经济指标得分和权重的计算结果如表 6-16 所示。

表 6-16 各技术经济指标得分和权重的计算结果

	F1	F2	F3	F4	F5	得分	修正得分	权重
F1	—	0	1	1	1	3	4	4/15＝0.267
F2	1	—	1	1	1	4	5	5/15＝0.333
F3	0	0	—	0	1	1	2	2/15＝0.133
F4	0	0	1	—	1	2	3	3/15＝0.200
F5	0	0	0	0	—	0	1	1/15＝0.067
合计						10	15	1.000

（2）价值指数法选择较经济的模板系数。

①计算两方案的功能指数，如表 6-17 所示。

表 6-17　功能指数计算表

技术经济指标	权重	钢木组合模板	小钢模
总摊销费用	0.267	10×0.267＝2.67	8×0.267＝2.14
楼板浇筑质量	0.333	8×0.333＝2.66	10×0.333＝3.33
模板人工费	0.133	8×0.133＝1.06	10×0.133＝1.33
模板周转时间	0.200	10×0.200＝2.00	7×0.200＝1.40
模板装拆便利性	0.067	10×0.067＝0.67	9×0.067＝0.60
合计	1.000	9.06	8.80
功能指数	—	9.06/(9.06+8.80)＝0.507	8.80/(9.06+8.80)＝0.493

②计算两方案的成本指数。

钢木组合模板的单方模板费用为

$$40/2.5+8.5=24.5$$

小钢模的单方模板费用为

$$50/2.5+6.8=26.8$$

则钢木组合模板的成本指数为

$$24.5/(24.5+26.8)=0.478$$

小钢模的成本指数为

$$26.8/(24.5+26.8)=0.522$$

③计算两方案的价值指数。

钢木组合模板的价值指数为

$$0.507/0.478=1.061$$

小钢模的价值指数为

$$0.493/0.522=0.944$$

因为钢木组合模板的价值指数高于小钢模的价值指数，故应选用钢木组合模板体系。

(3) 求取现浇楼板工程量。

单方模板费用函数为

$$C=C_1/Q+C_2$$

式中：C——单方模板费用，元/米^2；

C_1——模板总摊销费用，万元；

C_2——每平方米楼板的模板人工费，元/米^2；

Q——现浇楼板工程量，万米^2。

则钢木组合模板的单方模板费用为

$$C_z = 40/Q + 8.5$$

小钢模的单方模板费用为

$$C_x = 50/Q + 6.8$$

令该两模板体系的单方模板费用之比(即成本指数之比)等于其功能指数之比,有

$$(40/Q + 8.5)/(50/Q + 6.8) = 0.507/0.493$$

即

$$0.507(50 + 6.8Q) - 0.493(40 + 8.5Q) = 0$$

所以

$$Q = 7.58$$

因此,该办公楼的现浇楼板工程量至少达到7.58万平方米才应采用小钢模体系。

【**案例 6-3**】某市高新技术开发区拟开发建设集科研和办公于一体的综合大楼,其主体工程结构设计方案对比如下。

A 方案:结构方案为大柱网框架剪力墙轻墙体系,采用预应力大跨度叠合楼板,墙体材料采用多孔砖及移动式可拆装式分室隔墙,窗户采用中空玻璃断桥铝合金窗,面积利用系数为93%,单方造价为1 438 元/平方米。

价值工程在工程建设中的应用

B 方案:结构方案同 A 方案,墙体采用内浇外砌,窗户采用双玻塑钢窗,面积利用系数为87%,单方造价为1 108 元/平方米。

C 方案:结构方案采用框架结构,采用全现浇楼板,墙体材料采用标准黏土砖,窗户采用双玻铝合金窗,面积利用系数为79%,单方造价为1 082 元/平方米。

各方案功能的权重及得分如表 6-18 所示。

表 6-18 各方案功能的权重及得分表

功能项目	权重	方案功能得分		
		A	B	C
结构体系	0.25	10	10	8
楼板类型	0.05	10	10	9
墙体材料	0.25	8	9	7
面积系数	0.35	9	8	7
窗户类型	0.10	9	7	8

(1)试应用价值工程方法选择最优设计方案。

(2)为控制工程造价和进一步降低费用,拟针对所选的最优设计方案的土建工程部分,以分部分项工程费用为对象开展价值工程分析。将土建工程划分为四个功能项目,各功能项目得分及其目前成本表如表 6-19 所示。按限额和优化设计要求,目标成本额

应控制在 12 170 万元。

表6-19 各功能项目得分及其目前成本表

功能项目	功能得分	目前成本/万元
桩基围护工程	10	1 520
地下室工程	11	1 482
主体结构工程	35	4 705
装饰工程	38	5 105
合计	94	12 812

试分析各功能项目的目标成本及其可能降低的额度，并确定功能改进顺序。

(3)若某承包商以表6-19中的总成本加3.98%的利润报价(不含税)中标并与业主签订了固定总价合同，而在施工过程中该承包商的实际成本为12 170万元，则该承包商在该工程上的实际利润率为多少？

(4)若要使实际利润率达到10%，成本降低额应为多少？

【解】(1)应用价值工程方法选择最优设计方案。分别计算各方案的功能指数、成本指数和价值指数，并根据价值指数选择最优方案。

①计算各方案的功能指数，如表6-20所示。

表6-20 功能指数计算表

方案功能	功能权重	方案功能加权得分		
		A	B	C
结构体系	0.25	10×0.25=2.50	10×0.25=2.50	8×0.25=2.00
楼板类型	0.05	10×0.05=0.50	10×0.05=0.50	9×0.05=0.45
墙体材料	0.25	8×0.25=2.00	9×0.25=2.25	7×0.25=1.75
面积系数	0.35	9×0.35=3.15	8×0.35=2.80	7×0.35=2.45
窗户类型	0.10	9×0.10=0.90	7×0.10=0.70	8×0.10=0.80
合计	1.00	9.05	8.75	7.45
功能指数		9.05/(9.05+8.75+7.45)=0.358	8.75/25.25=0.347	7.45/25.25=0.295

②计算各方案的成本指数，如表6-21所示。

表 6-21　成本指数计算表

方案	A	B	C	合计
造价/(元/平方米)	1 438	1 108	1 082	3 628
成本指数	0.396	0.305	0.298	0.999

③计算各方案的价值指数，如表 6-22 所示。

表 6-22　价值指数计算表

方案	A	B	C
功能指数	0.358	0.347	0.295
成本指数	0.396	0.305	0.298
价值指数	0.904	1.138	0.990

由表 6-22 的计算结果可知，B 方案的价值指数最高，为最优方案。

(2)根据表 6-19 所列数据，分别计算桩基围护工程、地下室工程、主体结构工程和装饰工程的功能指数、成本指数和价值指数；再根据给定的总目标成本额，计算各工程内容的目标成本额，从而确定其成本降低额度。功能指数、成本指数、价值指数和目标成本降低额等计算表如表 6-23 所示。

表 6-23　功能指数、成本指数、价值指数和目标成本降低额等计算表

功能项目	功能得分	功能指数	目前成本/万元	成本指数	价值指数	目标成本/万元	目标成本降低额/万元
桩基围护工程	10	0.106 4	1 520	0.118 6	0.897 1	1 295	225
地下室工程	11	0.117 0	1 482	0.115 7	1.011 2	1 424	58
主体结构工程	35	0.372 3	4 705	0.367 2	1.013 9	4 531	174
装饰工程	38	0.404 3	5 105	0.398 5	1.014 6	4 920	185
合计	94	1.000 0	12 812	1.000 0	—	12 170	642

由表 6-23 的计算结果可知，桩基围护工程、地下室工程、主体结构工程和装饰工程均应通过适当方式降低成本。根据目标成本降低额的大小，功能改进顺序依次为桩基围护工程、装饰工程、主体结构工程、地下室工程。

(3)该承包商在该工程上的实际利润率＝实际利润额/实际成本额，即

$$(12\,812 \times 3.98\% + 12\,812 - 12\,170)/12\,170 = 9.47\%$$

(4) 设成本降低额为 x 万元，则

$$(12\,812 \times 3.98\% + x)/(12\,812 - x) = 10\%$$

解得 $x = 701.17$。

因此，若要使实际利润率达到 10%，成本降低额应为 701.17 万元。

【案例 6-4】某区域由于经济发展的需要，需要修建一条公路，有两种方案可供选择。

第一种方案：沿老线改建的方案。

该方案是将原有公路在符合路线总方向且前后无其他限制的路段加宽利用，不能利用的路段则进行改线，此方案长 181.2 千米，比原有公路短 5.4 千米。其中利用老路加宽的共长 82.6 千米，改线长 98.6 千米。该方案与新线方案比较主要有以下的缺点：里程长 6 千米，将会长期浪费运力和能源，增加用路者费用；改建不利于将来进一步提高等级；不可避免穿过集镇和居民区，事故隐患大；拆迁面大，给施工增加困难；利用老路地段路基标高不能提高到要求高度，故不能保证强度，从而减少使用寿命；由于平交多无法对来往车辆收取过路费，使资金筹措发生问题；等等。

第二种：新线方案。

该方案的特点是全部新建一条Ⅰ级公路，并保留老路作慢车道和区间交通用，此方案路长 175.2 千米，比原有公路短 11.4 千米，比老线方案短 6 千米。其基本走向与老路方案平行。

新线方案改进了老线方案的缺点，但新线方案也有一些问题：通过地形比老线方案低 1 米左右，土方工程量大；占用土地多；建设期投资比老线方案大，但经济效益大。

两方案投资比较表如表 6-24 所示。

表 6-24 两方案投资比较表

方案名称	老线方案	新线方案
建设期投资/万元	50 074	55 175
使用期投资/万元	4 690.8	7 157
寿命期总成本/万元	54 764.8	62 332
各方案总里程/千米	181.2	175.2
每千米寿命期总成本/万元	302.234	355.776

【解】(1) 进行功能分析。

功能定义：公路的功能可以定义为通行车辆。

功能整理：公路的功能可以整理为基本功能和辅助功能，如图6-5所示。

通过功能整理把公路的功能归类为两类八种，这八种功能在公路功能中占有不同的地位。因而需确定公路的各项功能相对重要性系数(即各项功能的权重)。

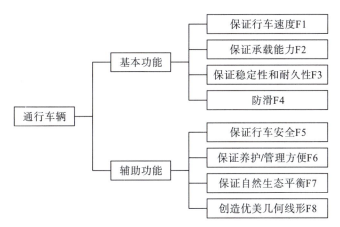

图6-5 功能系统图

这里采用用户、设计、施工单位三家加权评分法，三者的权数分别定为60%、30%和10%。功能重要性系数计算表如表6-25所示。

表6-25 功能重要性系数计算表

功能		用户评分		设计人员评分		施工人员评分		功能重要性系数 $\dfrac{(1)\times 0.6+(2)\times 0.3+(3)\times 0.1}{100}$
		得分(1)	(1)×0.6	得分(2)	(2)×0.3	得分(3)	(3)×0.1	
基本功能	F1	40.55	24.33	30.67	9.201	31.75	3.175	0.367 1
	F2	10.25	6.15	13.45	4.035	13.25	1.325	0.115 1
	F3	8.15	4.89	12.25	3.675	15.45	1.545	0.101 1
	F4	9.25	5.55	5.55	1.665	10.55	1.055	0.082 7
辅助功能	F5	10.75	6.45	10.18	3.054	10.90	1.09	0.105 9
	F6	10.25	6.15	12.35	4.705	5.25	0.525	0.103 8
	F7	5.30	3.18	5.33	1.599	10.35	1.035	0.058 1
	F8	5.50	3.30	10.22	3.066	2.50	0.25	0.066 2
合计		100	60	100	30	100	10	1

(2)计算各方案的功能评价系数。按照功能要求由专家对各方案所满足的各项功能进行10分制评分，进而采用加权评分法计算各方案的功能指数，如表6-26所示。

表 6-26　各方案功能评价系数计算表

评价因素		方案功能得分	
功能因素	功能权重	新线方案	老线方案
F1	0.367 1	10	7
F2	0.115 1	10	8
F3	0.101 1	10	10
F4	0.082 7	9	7
F5	0.105 9	9	6
F6	0.103 8	10	6
F7	0.058 1	8	9
F8	0.066 2	9	6
方案总分＝∑功能权重×方案功能得分		9.629 0	7.258 7
功能评价系数＝每种方案得分/两种方案总分		0.570 2	0.429 8

(3)成本评价系数的计算，如表 6-27 所示。

表 6-27　各方案成本评价系数计算表

方案名称	单位总成本/万元	成本评价系数
老线方案	302.234	0.459 3
新线方案	355.776	0.540 7
合计	658	1

(4)价值系数的计算，如表 6-28 所示。

表 6-28　价值系数计算表

方案名称	功能评价系数	成本评价系数	价值系数	最优
老线方案	0.429 8	0.459 3	0.935 8	
新线方案	0.570 2	0.540 7	1.054 6	√

结论：由计算结果可知，新线方案的价值指数大于 1，为最优方案。

学习情景七

新技术、新工艺和新材料应用方案的技术经济分析

一、学习情景描述

某工程施工现有两个对比技术方案。方案1是过去曾经应用过的，需投资110万元，年生产成本为30万元；方案2是新技术方案，在与方案1应用环境相同的情况下，需投资150万元，年生产成本为25万元。设基准投资收益率为11%，试运用静态分析方法选择方案。

二、学习目标

使学生掌握常用的静态分析方法，能正确运用增量投资收益率法、年折算费用法等对新技术、新工艺和新材料的应用方案进行技术经济分析，能正确进行方案比选。

三、获取信息

要完成对新技术、新工艺和新材料应用方案的技术经济分析，能正确进行方案比选，我们需要查阅、收集相关资料，了解静态分析方法指标的概念、计算公式、判别标准、指标的优缺点及应用范围等相关信息。

1. 新技术经济分析的原则及方法

引导问题1：新技术应用方案的选择原则有哪些？

_____
_____
_____

引导问题2：新技术应用方案的技术经济分类有哪些？

_____
_____
_____

工程经济

引导问题3：新技术应用方案的经济分析指标体系有哪些？

2. 增量投资收益率法

引导问题4：什么是增量投资收益率？

引导问题5：对新技术方案，如何进行增量投资收益率的计算？如何判别新方案的可行性？

引导问题6：思考使用增量投资收益率法进行新方案评价的优缺点。

引导问题7：某工程施工现有两个对比技术方案。方案1是过去曾经应用过的，需投资120万元，年生产成本为32万元；方案2是新技术方案，在与方案1应用环境相同的情况下，需投资160万元，年生产成本为26万元。设基准投资收益率为12%，试运用增量投资收益率法选择方案。

3. 年折算费用法

引导问题8：什么是年折算费用？

引导问题 9：对新技术方案，如何进行年折算费用的计算？如何判别新方案的可行性？

引导问题 10：思考使用年折算费用法进行新方案评价的应用范围及优缺点。

引导问题 11：某工程施工现有两个对比技术方案。方案 1 是过去曾经应用过的，需投资 120 万元，年生产成本为 32 万元；方案 2 是新技术方案，在与方案 1 应用环境相同的情况下，需投资 160 万元，年生产成本为 26 万元。设基准投资收益率为 12%，试运用年折算费用法选择方案。（注：方案有用成果相同。）

引导问题 12：某施工项目现有两个对比工艺方案，方案 1 是过去曾经应用过的，方案 2 是新方案，两方案均不需增加投资。但应用方案 1 需固定费用 60 万元，单位产量的可变费用为 300 元；应用方案 2 需固定费用 80 万元，单位产量的可变费用为 250 元。设生产数量为 10 000 个单位，试运用折算费用法选择方案。（注：方案有用成果相同和不同时分别判断。）

引导问题 13：思考使用折算费用法进行新方案评价的优缺点。

工程经济

引导问题14：对新技术方案的技术经济分析是什么？具体有哪些方法？

引导问题15：什么是简单评分法和加权评分法？

引导问题16：对新技术方案，如何计算综合指标值？如何判别新方案的可行性？

引导问题17：某工程有A、B、C三个备选的技术方案，确定采用技术先进性、适用性、可靠性、安全性、环保性和经济性等六项标准进行评价，各方案的指标评分如表7-1所示。应用简单评分法对三个方案进行排序，并提出推荐方案。

表7-1 各方案的指标评分

序号	标准	方案A	方案B	方案C
1	技术先进性	75	90	70
2	技术适用性	85	80	80
3	技术可靠性	95	65	75
4	技术安全性	65	70	80
5	技术环保性	70	75	65
6	技术经济性	80	50	85
	方案综合指标值	78.33	71.67	75.83

四、任务分组

分组任务：将学生按特定数量分组，以小组为单位，进行任务分工，明确工作任务，填写任务分配表，如表 7-2 所示。

表 7-2 学生任务分配表

班级		组号		指导教师	
姓名	学号	分工任务			

五、问题分析

教师针对各小组获取的信息，对学生理解不全面、不透彻的内容进行讲解，并提出指导性意见，学生重新修改引导问题答案。

六、任务实施

学生小组按照增量投资收益率法、折算费用法、简单评分法、加权评分法进行方案评价。

$R_{(2-1)}=(C_1-C_2)/(I_2-I_1)\times 100\%=(30-25)/(150-110)=5/40=12.5\%>11\%$

这表明新技术方案在经济上是可行的。

七、评价反馈

小组组长介绍任务完成情况，进行学生自评，小组互评，结果填写至评价表中，

工程经济

如表 7-3 所示。

表 7-3 学生评价表

班级		姓名		学号	
序号	项目	分值	学生自评打分	小组互评得分	综合得分
1	引导问题填写	60			
2	任务是否按时完成	10			
3	经济学意义理解是否深刻	5			
4	指标计算是否正确	10			
5	评价结果是否准确	5			
6	是否服从指挥，配合其他人员	5			
7	资料上交情况	5			
合计		100			

八、相关知识

由于科学技术的不断进步，在工程建设领域，新技术、新工艺和新材料（以下统称"新技术"）也不断涌现。如基坑支护技术、高强高性能混凝土技术、建筑节能及新型墙体应用技术、超高层房屋建筑施工技术、大跨度预应力技术、超大跨度桥梁施工技术、地下工程盾构机制造技术、大型复杂成套设备安装技术等，这些对我国建筑业技术进步起到了强大的推动作用。但也应注意，对某些建筑新技术的应用，可能因为其本身的成熟度和风险、项目所在地、实施企业的原因带来消极的影响。因此，是否把这些新技术应用于工程建设，这是需要认真考虑的问题。为此，做好新技术应用方案的技术经济分析就显得尤其重要。它要求我们提出合理的应用方案，以达到保证工程质量，降低工程成本，节约劳动消耗，缩短工期和减少污染，提高工程建设的综合经济效果的目的。

工程建设新技术的范畴包括工程设计技术、工程材料、工程结构、施工工艺、环境技术、设备系统、节能、工程安全和防护技术等。新技术所涉及的"新"是相对的、有条件的、可变的。世上任何一项新技术都不是凭空产生的，都是根据特定的需要，针对一定的条件研制、发展而成的，对不同的对象有不同的适宜性和条件性。这也是多种新技术在相当长时期内能够同时并存、竞相发展的原因。

(一)新技术、新工艺和新材料应用方案的选择原则

在现代工程建设中，在满足业主功能要求和有关技术法规的条件下，都可通过不同的技术、工艺和材料方案来完成，但在完成工程建设过程中，不同方案取得的技术经济效果是不同的。所以对新技术应用方案进行技术经济分析，通过分析、对比、论证，寻求最佳新技术方案。一般说来，选择新技术应用方案时应遵循以下原则。

新技术、新工艺和新材料应用方案的选择原则

1. 技术上先进、可靠、安全、适用

选择先进、可靠、安全、适用的新技术应用方案可以取得多方面的效果，其主要表现在以下几个方面。

(1)技术先进性。备选的新技术应用方案一般要比企业现有的技术先进，力争有较强的行业竞争力。技术先进性可以通过各种技术经济指标体现出来，如，降低原材料和能源消耗，缩短工艺流程，提高劳动生产率，有利于保证和提高产品质量，提高自动化程度，有益于人身安全，减轻工人的劳动强度，减少污染、消除公害，有助于改善环境，以及有利于缩小与国外先进水平的差距。

(2)技术可靠性。备选的新技术应用方案必须是成熟的、稳定的，有可借鉴的企业或项目；对尚在试验阶段的新技术应采取积极慎重的态度；采用转让取得的技术，要考虑技术来源的可靠性，主要表现在技术持有者信誉好，愿意转让技术，且转让条件合理，知识产权经过确认。同时，备选方案的技术能够实现方案设定的目标，对产品的质量性能和方案的生产能力有足够的保证程度，能防范和积极避免因方案技术可靠性不足而产生的资源浪费。

(3)技术安全性。备选的新技术应用方案必须考虑是否会对操作人员造成人身伤害，有无保护措施；"三废"和噪声的产生和治理情况是否会影响周边环境，应使选择的方案有利于环境保护和尽量少排放废气、废水和固体废弃物，降低噪声。

(4)技术适用性。备选的新技术应用方案必须考虑对当地资源的适用性(包括原材料、人力资源、环境资源)，充分发挥企业和方案所在地的资源优势，适应方案特定的资源、经济、社会等方面的条件，降低原材料特别是能源的消耗，改善生产条件，提高产品质量，同时有利于充分发挥企业原有的技术装备和技术力量。

2. 综合效益上合理

综合效益上合理就是要综合考虑新技术应用方案的投资、成本、质量、工期、社会、环境、经济效益等因素，主要体现以下两方面。

(1)方案经济性。要根据备选的新技术应用方案的具体情况，分析方案的投资费

用、劳动力需要量、能源消耗量、生产成本等，比选各备选方案的成本和产品性能要求，选择"性价比"较高，即经济合理性的方案为较优方案。但须注意，在进行方案经济性比选时各备选方案必须具备可比性，即比选时要充分考虑各备选方案在满足需要、消耗费用、价格、时间因素、原始数据资料等方面的可比性。

(2)效益综合性。方案效益综合性是指技术、经济、社会和环境相结合。在选择方案时，不仅要考虑技术和经济问题，还要对社会影响和环境影响给予必要的考虑，避免产生不良的社会问题和环境问题。

通常情况下，上述原则是一致的。但有时也存在相互矛盾的情形，此时就要综合考虑几方面的得失。一般地说，在保证功能和质量、不违反劳动安全与环境保护的原则下，经济合理性应是选择新技术应用方案的主要原则。

(二)新技术、新工艺和新材料应用方案的技术分析

1. 新技术应用方案的技术经济分析分类

(1)对新技术应用方案进行技术经济分析，常常按分析的时间或阶段不同分为事前和事后进行的技术经济分析，设计阶段和施工阶段进行的技术经济分析。

(2)按分析的内容不同，新技术应用方案的技术经济分析分为技术分析、经济分析、社会分析、环境分析和综合分析。每一类分析又包含着若干比选指标。不同类别的新技术应用方案，比选指标重点不同。

(3)新技术应用方案的技术经济分析方法包括定性分析和定量分析。

定性分析主要是依靠人的丰富实践经验及主观的判断和分析能力，评述影响新技术应用方案的各种因素及其影响程度，或者是把新技术应用方案的各个方面与目标要求进行比较，分析新技术应用方案对目标的满足程度。如施工新技术方案是否先进可行，是否满足施工进度安排要求，是否满足施工连续性和均衡性，是否与工程要求相符，是否充分利用场地，能否体现文明施工，是否有适当的技术和管理水平等。

定量分析就是对各项指标进行数据计算，通过量的分析比较，对各个新技术应用方案进行技术经济评价。

定性比选适合于新技术应用方案比选的初级阶段，在一些比选因素较为直观且不复杂的情况下，定性比选简单易行。如在新技术应用方案比选中，由于安全环保的限制可以一票否决，没有必要比较下去，此时定性分析即能满足比选要求。在较为复杂新技术应用方案的比选工作中，一般先经过定性分析，如果直观很难判断各个备选方案的优劣，再通过定量分析，论证其经济效益的大小，据以判别备选方案的优劣。有时，由于诸多因素如可靠性、社会环境、人文因素等很难量化，不能完全由技术经济指标来表达，通常采用专家评议法，组织专家进行定性和定量分析相结合的评议，采用加权或不加权的计分方法进行综合评价比选。

(4)按比选对象不同，新技术应用方案的技术经济分析分为有无对比、横向对比、

①有无对比。在已有的技术方案基础上应用新技术方案,则该复合方案叫作"有方案";不上新技术应用方案,继续使用已有的技术方案,则叫作"无方案"。有无对比就是对比"有方案"与"无方案"的投入产出效益。

②横向对比。横向对比是比较同一行业类似方案在投入、产出、资源消耗、能源节约、环境保护、费用、效益、技术水平等方面的指标。不同行业的方案,同一行业规模相差太大的方案,均不宜横向对比。横向对比多用于竞争力分析。

(5)按比选尺度不同,新技术应用方案的技术经济分析分为规制对比、标准对比。

①规制对比。规制对比就是将方案与规制进行对比,以判定方案是否合法。规制包括国家、地方和各级政府部门颁布的法律、法规、政策、规划、规章和项目批复文件,以及合同等。规制是政府行政主管部门干预项目的重要依据。

②标准对比。标准对比是将方案的可验证指标与标准对比,以检验方案在技术上是否合法、合理、科学和有效。新技术应用方案常用的对比标准:工程建设标准规范(其中的强制性条文必须执行,不符合强制性条文的技术方案视为违法,造成事故的要依法追究责任),设备或产品标准(设备和产品要达到国家安全与卫生强制性认证的要求),工程量清单计价规范与预算定额。

2. 新技术应用方案的技术分析

新技术应用方案的技术分析,是通过对其方案的技术特性和条件指标进行对比与分析来完成的。

(1)技术特性指标。不同的技术有不同的技术特性,如:结构工程中混凝土工艺方案的技术性指标可用现浇混凝土强度、现浇工程总量、最大浇筑量等表示;安装工程则可用安装"构件"总量、最大尺寸、最大重量、最大安装高度等表示。

(2)技术条件指标。反映技术条件的指标很多,在建设工程中常用的指标:方案占地面积;所需的主要材料、构配件等资源是否能保证供应;所需的主要专用设备是否能保证供应;所需的施工专业化协作、主要专业工种工人是否能保证供应;采用的方案对工程质量的保证程度,对社会运输能力的要求及能否得到服务,对市政公用设施的要求及能否得到服务;采用的方案可能形成的施工公害或污染情况;采用的方案抗拒自然气候条件影响的能力;采用的方案要求的技术复杂程度和难易程度及对技术准备工作的要求,施工的安全性;采用的方案对前道工序的要求和为后续工序创造的条件等。

(3)新技术应用方案技术比较分析。在进行新技术应用方案技术比较分析时,一般可从以下几个方面着手:

①分析与实施工程相关的国内外新技术应用方案,比较优缺点和发展趋势,选择先进适用的应用方案。

②拟采用的新技术和新工艺应用方案应与采用的原材料相适应,新材料应用方案

应与采用的工艺技术相适应。

③分析应用方案的技术来源的可得性，若采用引进技术或专利，应比较所需费用。

④分析应用方案是否符合节能、环保的要求。

⑤分析应用方案对工程质量的保证程度。

⑥分析应用方案各工序间的合理衔接，工艺流程是否通畅、简捷。

(三)新技术、新工艺和新材料应用方案的经济分析

新技术、新工艺和新材料应用方案的经济分析

在工程建设中，不同的技术、工艺和材料方案只能选择一个方案实施，即方案之间具有互斥性。常用的静态分析方法有增量投资分析法、年折算费用法、综合总费用法等；常用的动态分析方法有净现值（费用现值）法、净年值（年成本）法等。下面仅介绍几种静态分析方法。

1. 增量投资收益率法

在评价方案时，常常会有新技术方案的一次性投资额较大，年经营成本（或生产成本）较低；而对比"旧"方案的一次性投资额虽较低，但其年经营成本（或生产成本）较高的情况。这样，投资大的新方案与投资小的旧方案就形成了增量的投资，但投资大的新方案比投资小的旧方案在经营成本（或生产成本）上又带来了节约。此时就可通过计算增量投资收益率，以此判断对比方案相对经济效果，据此选择方案。

所谓增量投资收益率就是增量投资所带来的经营成本（或生产成本）上的节约与增量投资之比。

现设 I_1、I_2 分别为旧、新方案的投资额，C_1、C_2 分别为旧、新方案的经营成本（或生产成本）。

如 $I_2 > I_1$，$C_2 < C_1$，则增量投资收益率 $R_{(2-1)}$ 为

$$R_{(2-1)} = (C_1 - C_2)/(I_2 - I_1) \times 100\% \tag{7-1}$$

当 $R_{(2-1)}$ 大于或等于基准投资收益率时，表明新方案是可行的；当 $R_{(2-1)}$ 小于基准投资收益率时，则表明新方案是不可行的。

【**案例 7-1**】某工程施工现有两个对比技术方案。方案 1 是过去曾经应用过的，需投资 120 万元，年生产成本为 32 万元；方案 2 是新技术方案，在与方案 1 应用环境相同的情况下，需投资 160 万元，年生产成本为 26 万元。设基准投资收益率为 12%，试运用增量投资收益率法选择方案。

【**解**】根据公式(7-1)得

$R_{(2-1)} = (C_1 - C_2)/(I_2 - I_1) \times 100\% = (32-26)/(160-120) = 6/40 = 15\% > 12\%$

这表明新技术方案在经济上是可行的。

2. 折算费用法

(1)当方案的有用成果相同时，一般可通过比较费用的大小，来决定优劣和取舍。

① 在采用方案要增加投资时，可通过式(7-2)比较各方案年折算费用的大小选择方案，即

$$Z_j = C_j + P_j \cdot R_c \tag{7-2}$$

式中：Z_j——第 j 方案的年折算费用；

C_j——第 j 方案的年生产成本；

P_j——用于第 j 方案的投资额(包括建设投资和流动资金)；

R_c——基准投资收益率。

在多方案比较时，可以选择年折算费用最小的方案，即 $\min\{Z_j\}$ 为最优方案。这与增量投资收益率法的结论是一致的。

【案例 7-2】 数据与【案例 7-1】相同，试运用年折算费用法选择方案。

【解】 由公式(7-2)计算得

$$Z_1 = C_1 + P_1 \cdot R_c = 32 + 120 \times 12\% = 46.4$$
$$Z_2 = C_2 + P_2 \cdot R_c = 26 + 160 \times 12\% = 45.2$$

因为 $Z_1 > Z_2$，这表明新技术方案在经济上是可行的。

② 在采用方案不增加投资时。从式(7-2)可知：$Z_j = C_j$，故可通过比较各方案生产成本的大小选择方案，即

$$C_j = C_{Fj} + C_{uj}Q \tag{7-3}$$

式中：C_{Fj}——第 j 方案固定费用(固定成本)总额；

C_{uj}——第 j 方案单位产量的可变费用(可变成本)；

Q——生产的数量。

【案例 7-3】 某施工项目现有两个对比工艺方案，方案 1 是过去曾经应用过的，方案 2 是新方案，两方案均不需增加投资。但应用方案 1 需固定费用 60 万元，单位产量的可变费用 300 元；应用方案 2 需固定费用 80 万元，单位产量的可变费用 250 元。设生产数量为 10 000 个单位，试运用折算费用法选择方案。

【解】 由式(7-3)得

$$C_1 = C_{F1} + C_{u1}Q = 60 + 300 \times 1 = 360$$
$$C_2 = C_{F2} + C_{u2}Q = 80 + 250 \times 1 = 330$$

因为 $C_1 > C_2$，这表明新技术方案在经济上是可行的。

(2) 当方案的有用成果不相同时，一般可通过方案费用的比较来决定方案的使用范围，进而取舍方案。通常可用数学分析的方法和图解的方法来进行。

首先运用式(7-3)列出对比方案的生产成本，即

$$C_1 = C_{F1} + C_{u1}Q$$
$$C_2 = C_{F2} + C_{u2}Q$$

据此可绘出对比方案的生产成本与产量的关系曲线，如图 7-1 所示。

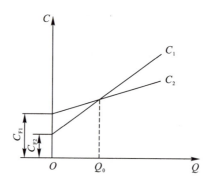

图 7-1 生产成本与产量的关系

由图 7-1 可知，当 $Q=Q_0$（临界产量）时，$C_1=C_2$，则

$$Q_0=(C_{F1}-C_{F2})/(C_{u1}-C_{u2}) \tag{7-4}$$

式中：C_{F1}、C_{F2}——1、2 方案的固定费用；

C_{u1}、C_{u2}——1、2 方案的单位产量的可变费用。

当产量 $Q>Q_0$ 时，方案 2 优；当产量 $Q<Q_0$ 时，方案 1 优。

【案例 7-4】数据与【案例 7-3】相同，试运用折算费用法确定两方案的使用范围。

【解】由式（7-4）得

$$Q_0=(C_{F1}-C_{F2})/(C_{u1}-C_{u2})$$
$$=(80-60)\times 10\,000/(300-250)=4\,000$$

当产量 $Q>4\,000$ 时，方案 2 优；当产量 $Q<4\,000$ 时，方案 1 优。

3. 其他指标分析

（1）劳动生产率指标。劳动生产率指标可按下式计算：

$$P_j=Q_j/[M_j(1+\alpha_j)] \tag{7-5}$$

式中：P_j——第 j 方案的工人劳动生产率；

Q_j——第 j 方案的产量；

M_j——第 j 方案所确定的生产工人人数；

α_j——第 j 方案的辅助工系数。

（2）缩短工期节约固定费用。由于缩短工程工期而节约的固定费用可按下式计算：

$$G_j=C_{Fj}(1-T_j/T_0) \tag{7-6}$$

式中：G_j——第 j 方案缩短工期节约的固定费用；

C_{Fj}——第 j 方案工程成本中的固定费用；

T_j——第 j 方案的工期；

T_0——预定工期（或合同工期）。

（3）缩短工期的生产资金节约额。因缩短工期而减少流动资金和固定资金的占用额可按下式计算：

$$F_j = f_j(1 - T_j/T_0) \tag{7-7}$$

式中：F_j——第 j 方案缩短工期生产资金节约额；

f_j——第 j 方案资金平均占用额(月流动资金平均占用额＋该项工程固定资金占用额)。

(4)缩短工期提前投产的经济效益可按下式计算：

$$S_j = B_j(T_0 - T_j) \tag{7-8}$$

式中：S_j——因工程提前投产带来的经济效益；

B_j——投产一日可获得利润；

$(T_0 - T_j)$——工程比预定工期(或合同工期)提前完工的时间。

总之，一种新技术能否在生产中得到应用，主要是由它的实用性和经济性决定的，而实用性往往又以其经济性为前提条件，经济性差的则难于应用。

(四)新技术应用方案的技术经济综合分析

建设工程新技术应用方案的技术经济综合分析是在各方案技术、经济、社会和环境分析的基础上对各备选方案进行综合比选。

新技术应用方案的技术经济综合分析

根据不同的评价目的、不同的技术类型和实际情况，可以运用于新技术应用方案的综合比选方法有许多，而且针对不同方案的内容，新技术应用方案的技术经济综合比选和侧重点也各有不同。现仅就常用的简单评分法和加权评分法介绍如下。

1. 简单评分法

简单评分法的基本思路是将所评价技术方案的多项指标转化为一个综合指标，以此综合指标值的大小作为评价技术方案的依据。其分析步骤主要包含以下几方面。

(1)确定技术方案的评价标准。根据新技术应用方案的特点，可以采用技术先进性、适用性、可靠性、安全性、环保性和经济性等指标。

(2)对各备选方案的各项指标进行评价。由评价专家对备选方案按照各项指标的评价标准进行评价，剔除不能满足最低要求的方案。

(3)根据对各项指标标准的满足程度确定备选方案各项指标的评分值。为了使不同性质和量纲的指标能够进行评价比较，按技术方案对各项指标所规定标准的满足程度，采用百分制、十分制、五分制或某个比数给予评分。

(4)计算综合指标值。将技术方案各项指标评分值加总平均，即为该备选方案的综合指标值。将不同技术方案的综合指标值按大小排列，即可对各备选方案的优越性进行排序，最后根据综合指标值选出最优方案。

【案例 7-5】某工程有 A、B、C 三个备选的技术方案，确定采用技术先进性、适用性、可靠性、安全性、环保性和经济性等六项标准进行评价，各技术方案的指标评分如表 7-4 所示。应用简单评分法对三个方案进行排序，并提出推荐方案。

表 7-4 各技术方案的指标评分

序号	标准	方案 A	方案 B	方案 C
1	技术先进性	75	90	70
2	技术适用性	85	80	80
3	技术可靠性	95	65	75
4	技术安全性	65	70	80
5	技术环保性	70	75	65
6	技术经济性	80	50	85
	方案综合指标值	78.33	71.67	75.83

【解】应用简单评分法,将备选方案的各项指标评分值加总平均,得出 A、B、C 各方案的综合指标值分别为 78.33、71.67 和 75.83。方案综合指标值的顺序为 A 方案最高,C 方案次之,B 方案最低。因此,推荐 A 方案。

2. 加权评分法

加权评分法是在简单评分法基础上的一种改进,其基本思想是由于技术方案各项指标的重要性程度不同,因此根据各项指标重要程度的差异分别给予不同的权重,然后计算各方案的加权综合指标值,得出各方案的排序,据此选择方案。

【案例 7-6】数据与【案例 7-5】相同,如果六项指标的权重分别是先进性 0.15,适用性 0.15,可靠性 0.25,安全性 0.20,环保性 0.10,经济性 0.15。应用加权评分法对方案进行重新排序,并提出推荐方案。

【解】重新计算三个方案各项指标的加权分,如表 7-5 所示。则 A、B、C 各方案的加权综合指标值分别为 79.75、70.75 和 76.50,本案例三个方案的加权综合指标变了,但排序未变,仍然是推荐 A 方案。

表 7-5 技术方案加权评分表

序号	标准	权重	方案 A		方案 B		方案 C	
			指标评分	加权分	指标评分	加权分	指标评分	加权分
1	技术先进性	0.15	75	11.25	90	13.50	70	10.50
2	技术适用性	0.15	85	12.75	80	12.00	80	12.00
3	技术可靠性	0.25	95	23.75	65	16.25	75	18.75
4	技术安全性	0.20	65	13.00	70	14.00	80	16.00
5	技术环保性	0.10	70	7.00	75	7.50	65	6.50
6	技术经济性	0.15	80	12.00	50	7.50	85	12.75
合计	—	1.00	—	79.75	—	70.75	—	76.50